短视频

新时代红利重构

周艺文 方 明 著

电子工业出版社
Publishing House of Electronics Industry
北京·BEIJING

内 容 简 介

随着抖音和快手等短视频平台的爆红，短视频似乎在一夜之间成为人们的主要娱乐方式。随着 5G 时代的到来，短视频在技术和内容上将迎来新的变革。创作者井喷式的出现更为短视频行业注入了无限活力。然而对创作者来说，如何在众多作品中实现突围，成了一个不可回避的话题。

本书以 5G 为背景，探讨了在 5G 时代该如何创作短视频的问题。书中分别从内容创作、粉丝管理、推广引流、盈利变现 4 个方面对短视频的创作进行分析，意在帮助广大短视频创作者梳理创作思路、活用营销策略、制订变现计划，最终实现打造"爆款"账号、增加个人收入的终极目标。

未经许可，不得以任何方式复制或抄袭本书之部分或全部内容。
版权所有，侵权必究。

图书在版编目（CIP）数据

短视频：新时代红利重构 / 周艺文，方明著. —北京：电子工业出版社，2022.2
ISBN 978-7-121-42915-6

Ⅰ.①短… Ⅱ.①周… ②方… Ⅲ.①网络营销 Ⅳ.①F713.365.2

中国版本图书馆 CIP 数据核字（2022）第 025402 号

责任编辑：刘志红　特约编辑：王　璐
印　　　刷：北京天宇星印刷厂
装　　　订：北京天宇星印刷厂
出版发行：电子工业出版社
　　　　　北京市海淀区万寿路 173 信箱　邮编　100036
开　　本：720×1 000　1/16　印张：12.25　字数：200 千字
版　　次：2022 年 2 月第 1 版
印　　次：2022 年 2 月第 1 次印刷
定　　价：89.80 元

凡所购买电子工业出版社图书有缺损问题，请向购买书店调换。若书店售缺，请与本社发行部联系，联系及邮购电话：（010）88254888，88258888。
质量投诉请发邮件至 zlts@phei.com.cn，盗版侵权举报请发邮件至 dbqq@phei.com.cn。
本书咨询联系方式：（010）88254479，lzhmails@phei.com.cn。

短视频不是新事物,却有新意义,包含时代的文化、经济和生活的新方式。

短视频的宽泛定义,是指在各种新媒体平台上播放的时长在 5 分钟以内的视频。随着移动终端的普及与网络的提速,短视频适合在移动状态和短时休闲状态下观看,高频推送;具备创作门槛较低、社交性和互动性较强、碎片化消费和传播的特性。

短视频的发展始于 2011 年,移动互联网技术的发展为移动短视频提供了良好的技术支持。但在发展初期,短视频并没有引发规模效应,一方面是因为用户习惯随着移动互联网的兴起刚刚发生改变,还没有达到泛娱乐化的地步;另一方面则是受限于硬件条件的不足。

大数据网络时代的到来及互联网环境的不断优化,拉近了现代人与网络媒体之间的距离,"短平快"的大流量传播具体内容渐渐得到各大网络平台、网友和金融资本的垂青,促进了"全民主播"的网络创作及短视频网络平台的普及。在此背景下,短视频开始引发规模效应。近年来,大量资本的投入,使得社交型短视频的平台方和内容方都获得了成长的空间和机会,借技术与资本之力,社交型短视频平台不断对自身产品进行优化升级,推出了更多能够满足用户需求的优质内容,为社交型短视频平台的发展提供了肥沃的土壤。根据中国互联网络信息中心发布的数据,截至 2020 年 12 月,我国短视频用户规模为 8.73 亿人,占网民总人数的 88.3%,

短视频：新时代红利重构

较2020年3月增长约1亿人，渗透率处于高位，月均使用时长突破20小时。

短视频的出现，从根本上改变了人们的媒体使用方式，视频化表达将是长期趋势，短视频逐渐成为互联网的基础应用。短视频的爆发式成功，同样制造了强大的商业价值。广告的不断涌入，使短视频这种形式能够正式、正规地摆脱传统媒介，走上自己的发展道路。短视频拍摄及制作的技术门槛正在不断降低，无论是个人还是团队，无论是专业人士还是业余人士，均可使用短视频这一传播形态进行观点或事实表达。

短视频从无到有，正在不断地蓬勃发展。短视频运营作为新兴职业，属于新媒体运营或互联网运营体系的分支，它利用抖音、微视、火山、快手等短视频平台进行产品宣传、推广等企业营销的一系列活动，通过策划品牌相关的、优质的、具有高度传播性的视频内容，向客户广泛或精准地推送消息，提高品牌知名度，从而充分利用粉丝经济，达到相应的营销目的。通过近几年的发展，短视频在当前社会的信息传播方面发挥着越来越重大的作用。移动短视频易操作、时效强，人人都可以成为视频制作者，而且短视频内容比较贴合大众生活，使人们的信息传播更加快速和便利。

新媒体用户规模的不断扩大、短视频形式在人们日常生活中的不断普及，以及短视频内容的不断多元化，形成了巨大的商业价值和文化传播价值。短视频形式与各种媒介互相渗透、彼此融合，传播形式不断走向全面化。也正因如此，短视频这种新兴的传播形式不断受到重视，发展日益壮大。每个领域和各种类型的短视频都注意考虑如何吸引用户，或者说如何将自己的内容传达给更多、更广的受众，从短视频的主题、弧光点到多样化的内容等方面，吸引用户注意力，获得用户的喜爱和传播。短视频依托于社交与文化传播平台，通过移动端传播，以其相较于其他媒介传播形式更加丰富的内容，产生了更高的文化传播和艺术价值。

序1

随着国内短视频行业的迅速发展，未来短视频行业的市场机会会不断增多，内容消费和广告营收将拉动市场规模进一步扩大。各种社交网络平台正在大力发展短视频业务，使短视频行业逐步走向成熟。未来对该行业的扶持激励政策也将与时俱进，短视频领域会逐渐成为主流，视频社会化的意义在于让我们去发现自己以前未曾注意的美。短视频不但是美好生活展示的开始，也正在塑造着我们的生活，无论是在物质层面还是在精神层面。它能让我们记录生活，也记录美；分享快乐，也分享记忆；发现世界，也发现自己，进而让我们与美好生活相遇。

随着"网红"经济的出现，借助互联网，网络媒体传播渐渐转移到短视频领域。视频行业逐渐崛起一批优质的 UGC 内容制作者，微博、秒拍、快手、今日头条纷纷入局短视频行业。短视频并非简单地"呈现"，也并非只"记录"，它更是一种"分享"，一种"共同经历"。每个短视频都代表着作者的独特视角。新华网在 2019 年两会期间推出的全息化与富媒化的短视频新闻《全息交互看报告》，为网友带来了沉浸式体验。短视频新闻发布者与接收者的互动性进一步加强，短视频新闻将得到进一步的发展。短视频以"呈现"和"记录"的形式，塑造着共同的记忆，构筑着情感的共同体。更为重要的是，短视频提供了一个他者的视角，让我们拥有一双"复数的眼睛"，去追寻自己的美好生活。在当前这个时代，传播技术和传播媒介的发展将为传播格局与社会结构的变化带来深远的影响。

随着 5G 技术的诞生，用智能终端分享 3D 电影、游戏及超高画质（UHD）节目的时代已经来临。5G 商用牌照的发放，标志着我国正式跨入 5G 时代。5G 商用为短视频新闻的发展带来了新的机遇与挑战。但是，到目前为止，中国的短视频行业并没有真正实现大规模盈利，只能用传统的直播视频的盈利模式来维持现状。优质的内容依旧是短视频发展的重要手段和众多内容创作者的核心竞争力。

短视频：新时代红利重构

从目前成功的短视频项目来看，优质的内容都是其收获关注和利益的基本要求。

在此背景之下，学术界与相关的媒体平台应该加强对短视频的研究，解决短视频发展中出现的问题，使其在自媒体背景下更好地发展。5G 商用为短视频新闻的发展提供了更加先进的技术支撑和坚实的用户基础，也凸显了短视频新闻生产过程中视频内容质量低、泛娱乐化现象严重等问题。5G 时代，短视频新闻要想获得长足发展，必须找准自己的媒体定位，提高短视频新闻的目标送达率，转变用户理念，构建更加合理的短视频新闻生产与传播新格局。短视频能否成为媒体整合、产业升级和社会和谐的黏合剂，是决定它能走多远的关键因素。未来形成行业规模的评估体系，将是短视频行业在商业模式上的重要任务。对于短视频的现状和未来发展趋势，仍存在许多不确定因素。随着 5G 技术的不断革新和互联网技术的发展，短视频行业的边界将被不断拓宽，其市场价值也将不断增长，短视频行业最终将形成一个良好的发展趋势。

未来，短视频必将创造无限的可能，我们要在激情中冷静，在冷静中发展。这是本书给予我们的启示，也是它的使命。

上海戏剧学院电影学院院长　厉震林
2021 年 9 月

在商业视频领域创业10年，一路看着短视频App如雨后春笋般涌现，新媒体从业人员的收入大幅提高，越来越多的创作者都跨入短视频行业，想分享这块蛋糕。在国内，抖音、快手两大App不相上下，不断刷新短视频App的用户规模。抖音的日活跃用户数量曾一度突破2.5亿人次，而快手的CEO为了不被抖音落下，更是发布全员内部信，明确提出了实现日活跃用户数量3亿人次的目标，让国内各短视频平台之间的"战火"越演越烈。

在海外，短视频App的规模也处于增长趋势。海外商店情报平台数据显示，短视频、直播类App在App Store和Google Play的App下载量排名中有5款跻身前20位。

短视频的出现，顺应了用户"碎片化"娱乐的需求。智能手机的普及就是因为它可以让用户随时随地在各种场景打发碎片时间。同理，只需要1分钟甚至15秒就能让用户快速了解热点事件、消化碎片化时间的短视频正好迎合了现代人的需求。

除了社会层面的因素，5G的出现也为短视频带来了更大的发展前景。5G高速率、低时延、高密度的特点为短视频提供了更优秀的网络环境。用户可以拥有更清晰的画质并实现真正的实时互动。除此之外，5G还将为短视频带来场景上的革新，VR社交、全息影像等将成为现实，为用户带来更多酷炫、优质的观看体验。

短视频：新时代红利重构

本书结合 5G 这个时代的热点，探讨短视频的内容创作与账号运营。全书分为 4 个部分，分别是内容创作、粉丝管理、推广引流、盈利变现。

第 1 部分：内容创作。这部分讲述了账号定位、内容设计、拍摄剪辑等内容，帮助读者找到合适的创作方向和创作内容，从而学会适当地剪辑加工，创作出高点击率的优质视频。

第 2 部分：粉丝管理。这部分讲述了寻找"铁杆"粉丝、全面吸粉、社群固粉等内容，帮助读者从零开始经营账号，提升自身的传播力，逐步成为坐拥千万粉丝的短视频"大V"。

第 3 部分：推广引流。这部分讲述了短视频运营、多渠道推广等内容，帮助读者了解短视频运营及推广的策略、渠道及窍门，从而实现全网传播、快速出圈。

第 4 部分：盈利变现。这部分讲述了短视频营销、运营复盘、短视频变现等内容，帮助读者掌握带货、变现的技巧，并运用数据分析，实现弯道超车。

本书内容诙谐幽默、浅显直白，目的是让读者在轻松愉快的氛围中学到真正有用的东西。通过对本书的学习，读者可以顺利上手短视频的创作、运营等工作，并对 5G 时代短视频发展的大趋势有一定的了解。可以肯定的是，对广大读者而言，本书的学习之旅一定是一段非常完美的体验。

咖麦影业总经理　王方明

第 1 章　5G 为短视频带来的改变 / 001

1.1　5G 是什么 / 001

  1.1.1　5G 的三大特征 / 001

  1.1.2　万物互联的起点 / 003

1.2　5G 与视频娱乐产业 / 005

  1.2.1　识别和个性化的革新 / 005

  1.2.2　颠覆内容与体验 / 007

  1.2.3　从供给到自主生成 / 009

1.3　5G 实现短视频升级 / 010

  1.3.1　个体创作者喷涌而出 / 011

  1.3.2　异地联动：短视频与其他产业有机融合 / 011

第 2 章　短视频的新定位 / 013

2.1　市场定位：发展"蓝海"市场 / 013

2.1.1　明确制作方向，同中求异 / 013

2.1.2　竞品分析，汲取精华 / 014

2.2　人群定位：有需求才有价值 / 016

2.2.1　分析平台和内容受众 / 016

2.2.2　构建需求分析模型 / 018

2.3　垂直定位：锁定专长领域 / 019

2.3.1　凸显自己的特点 / 019

2.3.2　垂直于用户的记忆点 / 021

第 3 章　内容价值决定短视频的传播力 / 023

3.1　围绕用户寻找创作方向 / 023

3.1.1　建立内容价值模型 / 023

3.1.2　好内容 ≠ 蹭热点 / 025

3.1.3　杜绝"自嗨"型产出：用户买账最重要 / 027

3.1.4　别样的美食博主：有趣、有用、有价值 / 028

3.2　讲一个好故事 / 029

3.2.1　故事可以拉近与用户的距离 / 030

3.2.2　情节有反转，用户才喜欢 / 031

3.2.3　在故事中嵌套故事 / 032

3.2.4　现身说法更具说服力 / 033

3.3 内容要兼具个性与趣味 / 033

    3.3.1 原创内容更具吸引力 / 034

    3.3.2 实现内容场景的创新 / 035

    3.3.3 挖掘生活场景，平凡中制造不平凡 / 037

    3.3.4 另类视频内容：深入生活，吐槽犀利 / 039

第 4 章　如何打造出高点击率的优质视频 / 041

4.1　短视频制作前期准备 / 041

    4.1.1 如何选择设备 / 041

    4.1.2 依据主题搭建摄影棚 / 043

4.2　组建制作团队 / 044

    4.2.1 把握 5P 要素，建立优秀的团队 / 044

    4.2.2 明确团队成员的职责和分工 / 047

4.3　短视频制作步骤 / 049

    4.3.1 拍摄：巧用运镜，拍出技术流大片 / 049

    4.3.2 音乐加工：用背景声音为短视频增色 / 050

    4.3.3 剪辑加工：让短视频更优质的秘诀 / 052

4.4　短视频制作注意事项 / 053

    4.4.1 镜头的运动和转换要顺畅自然 / 053

    4.4.2 正确使用转场特效 / 054

4.4.3 片头和片尾的包装不要一成不变 / 056

第 5 章 从零开始,建立种子流量池 / 058

5.1 找到种子用户 / 058

  5.1.1 1000 个铁杆粉丝理论 / 058

  5.1.2 确定核心用户 / 059

  5.1.3 为核心用户建立画像 / 061

  5.1.4 发掘潜在用户 / 063

5.2 增强自身的传播力 / 065

  5.2.1 让自身成为话题中心 / 065

  5.2.2 借助网络红人,传递影响力 / 066

  5.2.3 活动造势,吸引眼球 / 066

第 6 章 光速吸粉,养成"超级大 V" / 068

6.1 打造"网红"人设 / 068

  6.1.1 创建属于自己的话术 / 068

  6.1.2 在粉丝中建立信任 / 069

  6.1.3 打造独具特色的 IP / 071

6.2 小互动,大效果 / 073

  6.2.1 与用户互粉互赞 / 073

6.2.2 不要小看"双击666" / 075

6.2.3 回复评论是一门学问 / 076

6.2.4 红包有极强的吸粉威力 / 077

6.2.5 创造与用户交流的话题 / 079

6.3 引导用户主动参与 / 081

6.3.1 用疑问句引导用户评论 / 081

6.3.2 与名人合拍：巧用马太效应，叠加影响力 / 084

第7章 社群是短视频发展的大方向 / 086

7.1 垂直化导致社群化 / 086

7.1.1 短小精悍成为市场新风向 / 086

7.1.2 短视频内容偏向垂直深耕 / 088

7.1.3 活用微信群圈住粉丝 / 089

7.2 打造专属"养粉"平台 / 090

7.2.1 经营粉丝社群 / 090

7.2.2 进出有序，建设精细化管理的高质量社群 / 091

7.2.3 让忠实粉丝获得高附加价值 / 093

第8章 运营短视频的关键策略 / 096

8.1 内容运营 / 096

8.1.1 冷启动阶段，测试为主 / 096

8.1.2 保证后续的内容量供给 / 097

8.2 账号运营 / 099

8.2.1 从目标用户的角度思考 / 099

8.2.2 确定目标调性 / 100

8.3 不同类型短视频的运营方法 / 102

8.3.1 吐槽段子类：针对热点，吐槽点要狠、准、深 / 102

8.3.2 文艺清新类："创意+高格调"是核心 / 104

8.3.3 实用技能类：提供干货才是王道 / 106

8.3.4 可爱萌宠类："云"吸猫狗抓住都市年轻人的心 / 109

第 9 章 多渠道推广，点燃粉丝热情 / 113

9.1 4 种常见的推广渠道 / 113

9.1.1 短视频平台 / 113

9.1.2 在线视频平台 / 115

9.1.3 社交平台 / 115

9.1.4 新闻客户端 / 116

9.2 推广"潜规则" / 118

9.2.1 按照自己的属性选择推广渠道 / 119

9.2.2 垂直平台一定要明确节目定位 / 120

9.2.3 把握推广目的，设计传播侧重 / 121

9.3 刺激用户"自传播" / 122

    9.3.1 分享有礼，满足用户的"占便宜"心态 / 123

    9.3.2 帮助用户进行自我表达 / 123

第 10 章 巧用营销：只有主动出击才能脱颖而出 / 127

10.1 以正确的方式推广产品，才能事半功倍 / 127

    10.1.1 选择与短视频定位相符的产品 / 127

    10.1.2 充分利用短视频的特性展示产品 / 130

    10.1.3 放大产品优势，激发用户购买欲 / 131

    10.1.4 推销自己与推销产品同样重要 / 132

10.2 老粉丝有大潜力 / 133

    10.2.1 KOL 衍生出圈层文化 / 133

    10.2.2 推出衍生产品 / 135

    10.2.3 优质服务也可起决定性作用 / 136

10.3 无痕营销才是"真功夫" / 138

    10.3.1 内容为主，尽量淡化营销痕迹 / 138

    10.3.2 反向营销能够带来意外收获 / 140

    10.3.3 免费思维也能提高产品销量 / 140

第11章 学会复盘：实现"弯道超车" / 142

11.1 在挫折中前进 / 142

11.1.1 验证目标是否合理 / 142
11.1.2 找出影响目标达成的原因 / 144
11.1.3 在对比中发现亮点和不足 / 145
11.1.4 总结经验，弥补不足 / 146
11.1.5 将经验转化为实际行动 / 147

11.2 科学的数据分析 / 148

11.2.1 固有属性：发布时间、视频时长、发布渠道 / 148
11.2.2 播放量相关指标：累计播放量、对比播放量 / 150
11.2.3 播放率相关指标：播完量、播完率、平均播放进度 / 151
11.2.4 互动数据：评论、转发、收藏、顶、踩 / 153
11.2.5 关联指标：推荐率、评论率、点赞率、转发率、收藏率、加粉率 / 154

第12章 变现：玩转短视频的终极目标 / 157

12.1 短视频的常见盈利模式 / 157

12.1.1 广告植入：间接盈利模式 / 157
12.1.2 衍生产品：特色盈利模式 / 160

12.2 构建IP，探索新出路 / 161

12.2.1 推出系列内容，打造专属IP / 162

12.2.2 人格化IP更适合垂直类内容 / 163

12.2.3 盘活各平台，拓宽IP价值 / 166

12.3 打通全链路，塑造一站式购物体验 / 168

12.3.1 专属优惠，抢占用户心智 / 169

12.3.2 在短视频中插入购买路径 / 171

12.3.3 短视频平台内部完成销售闭环 / 172

附录《网络短视频内容审核标准细则》(节选) / 173

参考文献 / 177

第 1 章

5G 为短视频带来的改变

随着 5G 技术的兴起，短视频行业可能会发生颠覆性的改变。除了画质和网络的改变，媒体行业"短视频+"的从属模式可能会演变为"整个社会+短视频"的主导模式。短视频将有更多存在形式，覆盖更多的场景，引领移动智能时代的到来。

1.1 5G 是什么

5G 是移动通信领域的第五代发展成果，其速度最高可达到 20Gb/s 的理论峰值，而目前家庭使用的宽带速率最高可达到 1Gb/s，手机 Wi-Fi 的速率最高可达到 150Mb/s。

▶ 1.1.1 5G 的三大特征

5G 究竟是什么？具备何种优势？有哪些意义？对于这些内容，很多人恐怕并不太了解，他们只觉得 5G 也就是速率快一点，并没有什么特别的好处。但实际上，与 4G 相比，各大企业都在争夺的 5G 确实有自己的特征，具体如图 1-1 所示。

图 1-1　5G 的三大特征

1. 高速率

5G 的下行速率可达 20 Gb/s，上行速率可达 10 Gb/s，这究竟是高还是低呢？我们可以通过将其与 4G 进行对比来获取答案。一般来说，4G 的下行速率仅为 1 Gb/s，5G 的下行速率是 4G 的 20 倍，这样的突破不仅能让网络更加顺畅，还可以优化网民的使用体验。

2. 低时延

为什么要"低时延"？以无人驾驶为例。相关数据显示，人类的反应时间是 0.4 秒，即 400 毫秒，而 5G 的反应时间只有 1 毫秒。也就是说，如果在汽车行驶过程中出现紧急情况，5G 要比人类反应得更快，这有利于降低发生事故的风险。

3. 高密度

还以无人驾驶为例。无人驾驶汽车可以自动、安全地穿过十字路口，这是为什么呢？

简单来说就是因为"车联网"。通常情况下，车联网的标准是每平方千米连接 100 万辆自动驾驶汽车，这样的密度是 4G 无法达到的，而 5G 则可以凭借其高密度的亮点为物物相连提供帮助。

在美国曾发生了一件非常不好的事情，一辆无人驾驶汽车撞到了路人，并导致其死亡，主要原因是没有及时刹车。无人驾驶汽车的刹车过程是这样的：首先雷达把信号打到路人身上，路人反射这个信号；然后系统将这个信号转换成电信号，并对其进行计算；最后根据计算结果决定是否需要刹车，如果需要，则将电信号传递出去……

在 5G 高速率、低时延、高密度三大亮点的助力下，无人驾驶汽车的整个刹车过程将变得非常短，无人驾驶汽车完全可以在撞到路人之前及时停下来，上述悲剧很可能就不会发生。

总而言之，5G 可以从人与人的连接延伸到物与物的连接，从个体延伸到群体，并给社会经济、日常生活乃至全世界带来革命性的影响。

▶ 1.1.2 万物互联的起点

万物互联是指在将来，手机、电脑、汽车等用户端都将处于联网模式，不再需要用户输入密码，连接 Wi-Fi，从而满足用户的上网需求，提升用户的学习和工作效率。

试想，在未来的生活中，如果冰箱里的食物不多了，冰箱能够自主下单；如果冰箱制冷程序发生故障，系统能自动进行维护，通过外部资源下载新的制冷程序，合理安排时间周期，降低电力成本；汽车可以根据用户提供的地址，通过智能操作找到最方便省时的路线，优化行程。这种便捷高效的生活场景，离不开物联网的普及。

目前，物联网还没有得到真正的普及，最主要的原因就是物联网还没有实现设备之间、设备与用户之间的互动模式。现在的物联网技术发展得还不够完善，无法解决这些问题。而且，传统的物联网生态体系过于依赖中心化的代理通信模式或服务器模式，这也是当前物联网的弊端之一。

如果将 5G 应用到物联网中，就能够有效解决这些难题。5G 为物联网提供了点对点的数据传输方式，这样一来，在进行数据同步和管理控制的时候，整个物

短视频：新时代红利重构

联网解决方案就不再需要大型数据中心的帮助。除此之外，物联网还可以利用 5G 网络来传输某些重要数据，如数据采集、软件更新等。

5G 技术不但实现了万物联网，为物联网提供了技术支持，还降低了资源消耗与资本投入，可以说是万物互联的起点。

5G 对物联网模式有着重要的去中心化作用，体现了科技进步对物联网的可塑性。

现有的物联网体系是依靠中心化模式进行通信的，它运用云服务器进行连接验证，这个服务器运用强大的运行能力和存储能力保障众多设备的正常使用，而这一切都是建立在互联网基础之上的。

虽然这种中心化模式已经运行了几十年，并且能够支持小规模的物联网，但是随着用户需求的升级，它终将满足不了物联网生态体系的需要，这时就需要新的技术、新的模式来支持物联网的发展。

此外，中心化模式存在一定的问题，它需要付出高昂的成本来购置服务器和其他设备，并且进行定期维护，以此支持物联网的运行。即使能够担负成本，单一的连接验证模式也无法使通信进行自由的连接验证，这是亟待解决的问题。

中心化模式是中心决定节点，节点也必须对中心负责，脱离了节点的中心将无法独自存在。而去中心化的意思不是不要中心，而是选择由节点来创造中心。在去中心化中，任何一个点都可以成为中心或节点，任何中心或节点都是阶段性的，它们之间没有强制性作用，也不存在永恒的某种关系。去中心化模式将改变原有的单一的连接验证模式，使各个节点之间相互组合，自由创造中心，便于自由通信。

例如，消费模式是企业生产什么商品，消费者就购买什么商品；现有的消费模式是企业根据消费者的需求改进或生产商品，消费者可以根据需要购买商品，不再受企业生产的约束。这也是去中心化的一种体现。

去中心化模式下的物联网将采用点对点的标准模式实现通信，在降低购置和维护中心化设备、系统的费用的基础上，处理大量的交易信息，并将信息上传到物联网系统之中，保障各个节点的正常运行，防止出现节点漏洞或系统崩溃等问题。

但是，建立这种点对点的通信模式是一个挑战，其中最重要的就是安全性问题，这不仅是为了保护敏感的数据，对用户隐私也需要加强安全保证。

5G的运用不仅为物联网数据安全和隐私安全提供了保障，还为物联网提供了交易验证功能，防止网络诈骗等问题的发生。

由上述内容可知，原有的中心化模式虽然支持互联网的发展长达几十年，也能维持小规模物联网的运行，但已经不能满足未来科技的发展、用户的需求，由此产生了去中心化模式。而去中心化模式是利用节点之间的相互组合，自由创造中心，提供更优质的服务。

面对去中心化模式带来的挑战，5G的融入使物联网的发展有了技术上的保障，这种技术不但能实现点对点通信，保障数据与隐私的安全性，而且投入成本低，能源消耗少，符合绿色环保的工作和生活模式。

5G与物联网的结合目前还处于探索阶段，但是随着5G的逐渐普及，物联网会得到巨大的推动，人们的工作和生活模式也将得到巨大的改变。

1.2 5G与视频娱乐产业

5G的高速率、低时延、高密度特点为视频娱乐产业的发展带来了更优秀的网络环境，在这样的技术背景下，视频娱乐产业从形式、内容到用户体验都将实现颠覆式的发展。

▶ 1.2.1 识别和个性化的革新

爱奇艺在视频播放界面新推出了一个"扫面"功能，可以对视频内容进行扫描，然后告诉观众视频里的人都是谁，还附带相关资料，完美地解决了观众"脸盲"的问题。

这功能并不是打卡机上的那种1∶1的人脸识别功能，后者需要人脸正对着摄像头，系统才能识别。视频里的人物一直在移动，并不会随时都看镜头，系统只能根据一部分面部特征做出判断。这个创新的小功能，不仅改善了用户体验，更加体现了媒体生态中的人、场、物正在技术的加持下串联在一起。

扫面功能其实是一种AI识别系统的运用。据2019年7月奈飞（Netflix）财报披露，该公司正在研究通过AI生成预告片。很快，奈飞就可以对海量内容自动生成预告，不仅降低了人工成本，还通过"千人千面"的预告片，增加了影片的点击率和观看时长。这背后的原理一共有两步。

第一步，识别并理解内容。

把剪辑好的影片导入AI识别系统，系统会对内容进行识别。例如，认出演员是谁、谁是主角、谁是群演。除了人物，景色、物体在识别后也会被贴上各种标签，如"甲板上""屋内近景"等。另外，AI识别系统还会识别台词和配乐，识别情感变化，对影片的细节也能一目了然。

在这一过程中，要想不出差错，需要耗费很多时间与其他来源的数据做对比。例如，国际商业机器公司（International Business Machines Corporation，IBM）的沃森（Watson）系统就需要24小时才能完成这项工作。

第二步，根据既定的工业化步骤生成预告。

30秒的预告片可以使用各种风格和各种音乐模板，AI识别系统只需按照标准生产内容，再根据用户喜好投放即可。

在上面的两个步骤中，第一步是第二步的基础，第二步则是第一步的具体应用。第一步最重要，同一部影片，系统理解一次以后，结果可以被重复利用到不同的方面。因此，识别技术也是各大媒体巨头研发的重点。

爱奇艺就在研究识别系统上下了大功夫。例如，爱奇艺计算机视觉的研究成果多次被国际计算机视觉大会（IEEE International Conference on Computer Vision，ICCV）等学术会议收录，在各种挑战赛中获奖。爱奇艺还曾直接联合国内外顶级视觉和多媒体会议,首次发起"多模态视频人物识别挑战赛",公布了全球最大的明星视频数据集,建立了产学研矩阵,取得了研究突破。

当系统识别了视频内容,下一步的视频创作就会变得非常简单。

针对用户,识别信息后,AI 识别系统可以直接把结果显示给用户,用户甚至可以自行选择跳过或只看某些视频片段。另外,AI 识别系统会对特定人群进行使用优化,如腾讯视频的儿童保护模式、爱奇艺的 AI 手语主播片段生成、哔哩哔哩的智能防挡脸功能等。

针对创作者,除了可以进行自动剪辑,AI 识别系统还可以自动识别选角,根据剧情需要和演员信息智能匹配,大幅提升演员的剧情匹配度。例如,爱奇艺的"艺汇"和优酷的"鱼脑"系统都已开始正式应用,目前已应用于《泡沫之夏》《最好的我们》《长安十二时辰》等电视剧中。

针对视频平台,视频推荐和广告投放是 AI 识别系统的两个重点应用。这两个应用背后的逻辑只有两个字——"匹配",包括内容和人的匹配、广告和人的匹配。当用户能更快地看到自己想看的内容,就不会退订会员;当用户能看到自己喜欢的商品,广告方就不会停止投放广告,这样整个视频平台就会有源源不断的收益。

从奈飞和爱奇艺等媒体巨头的动作可以看出,识别技术是媒体发展的一个趋势,更好的推荐机制、更优化的广告技术及融合电商打造闭环,都是媒体巨头探索的成果。随着 5G 技术的普及,没有卡顿的网络体验会让 AI 识别系统变得更强大,精准化、个性化的内容再加上迅捷的产出速度,用户的黏性将得到极大的提升,整个视频娱乐行业已蓄势待发。

▶ 1.2.2 颠覆内容与体验

随着 5G 技术的逐步商用,短视频正在步入技术红利期。5G 的高速率、低时延、高密度将助力短视频与人工智能、物联网、虚拟现实(Virtual Reality,VR)、增强现实(Augmented Reality,AR)等技术的融合,覆盖更多新的应用场景。因

短视频：新时代红利重构

此，短视频的内容必须革新，向沉浸化、互动化、精致化等方向发展。

1. 沉浸化

4G 时代，VR 和 AR 等可穿戴设备经常会出现画面不清、网络延迟等问题。随着 5G 技术的升级，这些问题能得到很好的解决，VR 和 AR 的临场感、沉浸式的视听体验将得以实现，用户体验将得到大幅优化。

虚拟现实内容制作中心发布的《虚拟/增强现实内容制作白皮书（2020）》指出："虚拟/增强现实技术被认为是下一代通用技术平台和下一代互联网的入口，是引领全球新一轮产业变革的重要力量，是经济发展的新增长点，目前已经在工业、军事、医疗、航天、教育、娱乐等领域形成较为成熟的应用，将撬动上万亿元的新兴市场。"而 VR 的广泛应用离不开 5G 的飞速发展。

5G 时代，短视频的创新机遇蕴藏在 VR 和 AR 等设备之中，这一点可以从各大媒体平台的布局中窥知一二，例如，爱奇艺 2019 年发布了奇遇 2S VR 一体机；今日头条在 2018 年收购了 VR 视频直播研发商"维境视讯"；中央广播电视总台和移动运营商共同打造了 5G 新媒体实验室，提出把 5G 技术和 4K（4K 分辨率）、8K（8K 分辨率）、VR 等结合起来。

2. 互动化

互动是新媒体内容的主要特色之一。5G 时代，短视频的互动性将被进一步增强，具体体现在两个方面，一是用户决定内容走向，二是基于智能技术的视频反馈。

2019 年，奈飞推出了《黑镜：潘达斯奈基》互动视频，用户可以自行选择视频中主角的行动，由此看到不同的支线剧情。随着 5G 对传输时延的缩短，用户"收到选择—做出选择—得到反馈"的整体路径将被缩短，观看体验将更加流畅，可玩性也将得到提高。

另外，抖音、微视等短视频平台也研发了不少新型的视频交互方式。近几年，抖音先后上线了"尬舞机""控雨""合拍""抢镜"等功能。其中,"控雨"功能应用了手势识别和粒子系统两大技术,用户张开双手,系统中的手势算法就开始运行,实现雨滴特效;"抢镜"功能则可以让用户录制小视频,与自己喜欢的内容互动,一改往日的评论、点赞等互动方式,让反馈实现视频化。

3. 精致化

随着短视频内容的爆发式增长,用户对优质内容的需求越发旺盛。《2019 中国网络视听发展研究报告》指出:"优质内容将是主导短视频发展的重要因素,碎片时间内用户期望能够看到更好的内容,短视频的消费升级已经到来。"用户对 15 秒短视频的短期刺激已逐渐厌倦,渴望看到好故事。这意味着短视频内容需要更加充实、更加完整、时间更长,视觉传达更加精致。

从视频时长来看,越来越多的短视频平台开始制作时长 3~15 分钟的视频。腾讯视频曾对外发布过一类短视频——"火锅剧",单集时长 1~10 分钟,题材广泛,叙事完整,镜头语言丰富。以"火锅剧"为代表的长视频,呈现出多元化、包容性强的特点,各种题材都适用,而且不限横屏或竖屏,给予了创作者极大的创作空间。

短视频时长延长的背后,是内容风向在变化,即碎片化时代的用户也希望看到完整的故事。2020 年,快手的一名用户发布了 3 分钟短视频《快手群像》,混剪了 160 个快手素材,让一个个"快手达人"无缝衔接,以"群像"的方式展现了中国人的精彩生活。该短视频发布后在微博上迅速走红,获得了近 30 万的点赞。

5G 时代,时长扩展、内容丰富的短视频,将为短视频的内容和运营带来更多的变化。

▶ 1.2.3 从供给到自主生成

5G 技术最重要的一项应用就是扩大物联网的规模,实现万物互联。届时,将

短视频：新时代红利重构

有更多设备接入生活场景，甚至能 24 小时在线，更多传感器终端与人类交互，从多视角生成视频，创作视频的门槛和成本将变得极低。

物联网的广泛应用意味着短视频素材的极大丰富，内容主体也会随之扩大。除了专业生产和用户生产，机器内容也将丰富起来，从而更精细地记录日常生活。如何编辑、制作机器生产的内容，成为 5G 时代内容创新的全新赛点。

物联网采集视频能力的提高，会带动后端人工智能和大数据技术对内容挑选、剪辑和分发能力的提高。

新华社人工智能平台"媒体大脑"曾发布过一条机器生产的视频新闻——《新华社发布国内首条 MGC 视频新闻，媒体大脑来了！》，引发了业界的关注。其生产流程如下。

第一步，用摄像头、传感器、无人机等设备获取视频、数据信息。

第二步，经由图像识别、视频识别等技术，让机器理解内容并判断新闻价值。

第三步，"媒体大脑"将理解的内容与已有的数据建立联系，检索语义并重排。

第四步，基于收集的素材，经过视频编辑、语音合成等步骤，最终生产出一条媒体新闻。

总体来看，随着 5G 技术的推广和普及，内容生产端将一改由创作者供给内容的形式，机器自主生成的内容将越来越多、越来越优质。创作者基于这个趋势，要勇于尝试新技术，开拓创新，但也要注意避免"形式化"的盲目炫技，力求全方位提升短视频的价值。

1.3 5G 实现短视频升级

5G 为短视频带来了技术红利期，它将让现有的短视频行业有一个飞跃式的提升。届时，人人都是自媒体，各行各业都能与短视频融合。

1.3.1 个体创作者喷涌而出

2018 年 12 月 28 日，中央广播电视总台与中国电信、中国移动、中国联通及华为公司签订了框架协议，大力发展以 5G 为核心的传播平台。从中央广播电视总台的这一大动作可以看出，5G 势必会引来媒体行业的重大变革。与传统媒体以电视台为中心不同，5G 时代的高网速预示着未来将是自媒体的天下，届时，人人都是自媒体，个体创作者将喷涌而出。

纵观网络发展历史，从 1G 发展到 4G，传统媒体的广播、报纸、电视也在逐渐衰落，新媒体迅速崛起，"短平快"的小视频走入大众视野。因此，5G 时代将是去中心化和碎片化的。

5G 将话语权还给了用户，人人都可以是自媒体。例如，2020 年，西安一位薛女士坐在奔驰车盖上维权的事，未经权威媒体报道，就火遍全网。这是因为媒体渠道的多元化，让普通群众也拥有了传播信息的能力。随着 5G 的进一步发展，人们发声的渠道和方式将越来越便捷，人人都可以成为记者，人人都可以成为事件的主角。

在以前，一部电视剧或电影要想受到广泛的关注，必须有明星或知名演员参演。而在 5G 时代，信息传播完全不用靠明星，普通人创作的内容，只要够独特，都有机会成为"爆款"。

因此，5G 时代将是新媒体爆发的时代，如果创作者有足够的创意和能力，不妨尝试展现自己，也许下一个火遍全网的"达人"就是你。

1.3.2 异地联动：短视频与其他产业有机融合

2019 年，我国 5G 商用正式启动。2020 年，5G 作为"新基建"战略的内容

短视频：新时代红利重构

之一，建设力度空前，到 2020 年年底，全国 5G 基站近 72 万座，连接数量超过 2 亿个，居世界第一。在全球 5G 领域，我国将一马当先。

除了上述领域，5G 的应用将让更多产业实现视频化，不仅能高速率、无延迟，还能借助 VR 等相关设备体验身临其境的感觉。

1. 开启超清视频时代

5G 将使高清视频发展到 4K 和 8K，分辨率、视宽、视域都有很大提升。5G 支持超清和高速运动的视频直播，可用于体育赛事直播，同步传送赛场上的摄像信号，场外观众甚至可以选择不同机位观看或体验合成处理后的 360 度场景。

2. 还原真实场景

5G 结合 VR 设备可以还原真实场景。例如，让高铁司机戴上 VR 头盔，通过模拟高铁的运行场景，训练他们应对一些特殊状况。又如，某患者在上海瑞金医院普外科实施腹腔镜右半结肠癌手术，首次实现了在 5G 网络下，手术全景 8K 画面虚拟现实直播。在手术室旁边的演示教室，手术画面被超高清地呈现，观摩者戴上 VR 头套，可以身临其境地学习手术过程。

另外，在消费领域，5G+VR 可以帮助客户身临其境地试穿衣服，让电子商务的发展拥有更大的可能。

3. 精确检测产品质量

在工业领域，5G 可以把各个环节串联起来，实现协同设计、智能制造、供应链管理等。5G 技术可以在生产环节通过激光视频扫描机器零件，生成三维模型并与预存的理论模型进行比对，实现精确检测产品质量。

5G 时代，中国与全球发达国家同步开启。从目前来看，5G 正在催生超清视频、VR、工业互联网等领域新业态的出现。由此来看，5G 还有无穷的潜力尚待挖掘，更多的产业将产生更多让人难以想象的新应用。

第 2 章

短视频的新定位

优质的短视频账号离不开合理的定位，只有个性鲜明、价值突出的账号，才能给观众留下深刻的印象。短视频定位的方法有市场定位、人群定位、垂直定位。

2.1 市场定位：发展"蓝海"市场

市场定位是指通过分析市场需求和同类产品来确定短视频的内容。创作者在进行市场定位时的主要任务是，发掘"蓝海"市场，找到竞争小的内容市场。

▶ 2.1.1 明确制作方向，同中求异

创作者如何发掘蓝海市场？对此，创作者可以先确定普通市场，然后通过同中求异的方法，围绕现有市场去构思创意。

例如，如果目标市场是10～18岁的青少年，创作者可以围绕他们展开场景拓展，具体分为4个步骤，如图2-1所示。

第一步，画出一个九宫格。

第二步，以目标市场为核心，列出 8 对核心关系。

第三步，用 8 对关系作为九宫格的核心，画出 8 个常见的、有戏剧冲突的沟通场景。

第四步，基于呈幂式增长的 64 个场景，在每个场景中规划出 3 段对话。

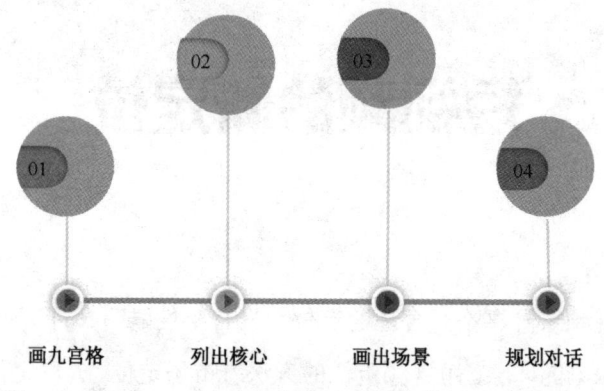

图 2-1　场景拓展步骤

经过这几步，创作者就拥有了很多视频创作思路，这种以点拓展成面的方式，无疑是一种可以应对思路枯竭的好办法，可以系统地使用。

这种围绕现有市场去拓展思路、寻找创作方向的方法有很多优点。首先，它可以应对创作思路枯竭的问题，因为经过这种有条不紊的操作，创作者能生产出很多符合营销标准的视频，比灵感乍现想出创作内容要稳妥得多。

其次，这种方式还能确保内容的合理性，因为在细致分析了现有市场后，创作者所创作的内容一定是有观众需求的，不管是从内容还是从受众层面来讲，都是大有裨益的。

▶ 2.1.2　竞品分析，汲取精华

互联网的传播速度不可小觑，大部分短视频一旦营销初具效果，必定会出现大量的竞争对手和模仿者。那么如何在无数竞争对手中脱颖而出呢？做一份细致

短视频的新定位 第 2 章

的竞品分析报告是必不可少的。欲战胜对手，必先了解对手。这就是所谓的"知己知彼，百战不殆"。

拥有一个势均力敌的竞争对手，可以推动企业飞速前进。因此，分析竞品信息时，应先分析这类竞争对手。

例如，魅族和小米均以手机产品起家，两家公司从创业之初似乎就处在对立的位置，甚至彼此将对方当成"宿敌"，如图 2-2 所示。

图 2-2 小米和魅族的产品对比

两家公司从创业伊始，便无数次地针对对方产品的各项数据进行分析，每逢新产品发布会，更是将自身产品同对方同类产品的各种数据参数大肆比较，如分辨率、操作系统、相机性能等，恨不能在各项指标上都将对方压倒。

这种良性竞争无疑也推动了两家公司的进步和发展。试想一下，如果一家企业没有竞争对手，又怎么会进步呢？就算短期内看不出什么不妥，但时间一长，企业发展的后劲必然会不足。

因此，当营销初具效果，分析竞品是十分有必要的。通过对比，创作者既可以看出自己的不足，还可以了解对手的信息，这样就能够不断地完善自身，达到超越对手的目的，这也是市场定位必不可少的一步。

2.2 人群定位：有需求才有价值

人群定位是指通过分析目标用户来确定短视频的内容。这是一种互联网思维，即从用户到产品逆推内容，从而保证创作者产出的短视频内容不会无人问津。

▶ 2.2.1 分析平台和内容受众

人群定位的核心是抓住用户的心理，获得用户的认可，如果做不到这两点，即使是再好的内容也不会产生好的效果。因此，创作者要仔细分析平台和内容受众，牢牢掌握用户需求。以快手平台为例，据《快手用户人群洞察报告》显示，快手用户存在以下几个较为明显的特点。

（1）快手用户为商业拓展带来了新机遇。

（2）快手用户追求个性、趣味化，线上线下更偏好休闲娱乐。

（3）快手用户网购需求旺盛，商业信息接受程度高。

（4）快手用户崇尚刺激、个性的态度，偏好娱乐、音乐和社交。

（5）快手用户中的女性群体对护肤、美容有着极大的兴趣。

了解了用户的特点，就相当于掌握了用户的需求，创作者就能以此为基础来明确定位的方向和重心，如将视频风格定位为幽默风趣、让女演员分享护肤心得、适当添加一些商业信息等。

短视频的新定位 第 2 章

"悬疑题"是快手平台上的一个主打悬疑、推理的短视频账号，其定位就抓住快手用户崇尚刺激的特点，充分满足他们的猎奇心理和探索需求。不仅如此，"悬疑题"发布的大部分短视频都会留下问题，供大家讨论，这样不仅可以提升用户活跃度，还可以达到良好的互动效果，如图 2-3 所示。

图 2-3 "悬疑题"发布的短视频中设置的问题

除了精准定位，"悬疑题"还做到了"坚持"：持续创作快手用户喜爱的视频，让他们像"追剧"一样持续关注账号。由此可见，除了精准定位，坚持也非常重要。总之，无论是视频、背景音乐，还是打造 IP，"悬疑题"一直都以满足用户需求为核心。

在定位方面，快手平台上的一位美妆博主就做得非常出色。她具体是怎样做的呢？首先，她深入渗透到"口红试色"这一细分领域；然后，她将产品迅速升级为平价好物；最后，她将自己的目标群体定位为高校学生和职场小白。

她之所以这样做，主要是因为她考虑到短视频内容受众中的女性群体对护肤、化妆有着极大的兴趣,如果针对用户的这些需求策划内容、创作视频,肯定会非常受欢迎。于是,她的所有视频都与护肤、化妆有关。

在视频中,该美妆博主还会推荐一些自己喜欢的平价好物,实现了与粉丝之间的深度互动,进一步增强了粉丝的黏性。因为该博主的粉丝群体的平均年龄和消费水平比较低,所以平价好物在这个群体中更受欢迎。另外,她以始终如一的风格路线为步调,勇敢做自己,将快手的强大作用发挥到了极致。

▶ 2.2.2 构建需求分析模型

对一个短视频账号来说,其目标群体具有明显的复杂性,而且不同的人有不同的观看需求,这些需求很难全部得到满足。在这种情况下,创作者应该建立 Kano 模型,将目标群体的需求按照重要程度进行排序。

Kano 模型是由东京理工大学教授狩野纪昭发明的,其主要作用是将目标群体的需求进行分类,然后按照重要程度排序。如果创作者使用 Kano 模型来分析短视频目标群体的需求,就可以迅速得出各类需求的轻重缓急,并在此基础上制订内容方案和拍摄计划。

在 Kano 模型中,目标群体的需求被分为 5 类,分别是基本型需求、期望型需求、兴奋型需求、无差异型需求和反向型需求。由于这些需求的重要程度是依次递减的,创作者可以推断出,基本型需求必须得到满足,而反向型需求则坚决不可以被满足,否则很容易激发目标群体的不满,起到适得其反的效果。

在上述 5 类需求中,基本型需求是基础,短视频的内容必须满足目标群体的基本型需求,才能得到他们的支持和认可,反之则会招致他们的抱怨和遗弃。

期望型需求指的是目标群体在观看视频之前所预想的那部分需求,也就是创作者经常谈到的"痛点"。这类需求虽然不是最重要的,但如果一个短视频可以满足这类需求,那它在和同类短视频进行竞争的时候,就会有非常明显的优势,而且可以在目标群体心里留下无可替代的、深刻的记忆和印象。

兴奋型需求可以对提升目标群体的需求满足率产生积极影响，观众在观看短视频时，如果感受到这类需求已经被充分满足，就会对短视频产生好感，进而引发下一步的关注行为。创作者要想满足兴奋型需求，就必须在短视频中添加一些出其不意的小惊喜，这些小惊喜是目标群体希望得到的。当目标群体得到小惊喜后，就会成为短视频创作者的忠实铁粉。

无差异型需求通常是指目标群体觉得可有可无的需求，即创作者是否可以满足这个需求对于目标群体来说没有太大关系。因为实现这个需求很难为视频带来锦上添花的效果，所以创作者没有必要在这上面花费过多资源。

例如，假设目标群体几乎都是女性，那么创作者就没有必要出一期视频讲述男生应该如何锻炼自己的能力或如何穿搭。对于这样的视频，女性目标群体可能会看，但看完之后无法产生共鸣，创作者也无法取得好的吸粉效果。

2.3 垂直定位：锁定专长领域

传统的定位方式主要是横向定位，即锁定用户范围。为了涵盖更多的用户，许多创作者创作的短视频内容过于丰富，导致账号特色不突出、定位不明，很难给用户留下印象。而垂直定位则是指根据自己的专长领域和兴趣爱好，深入某一细分领域，确定短视频内容。这种方法得到的观众群体虽然不是最多的，却是最忠诚、黏性最高的。

▶ 2.3.1 凸显自己的特点

新人创作者在刚开始制作短视频时，很容易感到迷茫，不知道该创作什么类型的短视频内容，也就是定位不明，怎么办呢？其实，最简单的定位方法，就是明确特性，将自己独一无二的特色展示出来，从而吸引特定用户的关注。

短视频：新时代红利重构

例如，有一家位于厦门鼓浪屿的火爆的冰激凌店，很多人都慕名前去，如图 2-4 所示。这家冰激凌店是如何吸引如此多的人前去消费的呢？其实，很多人去那里并不只是为了吃冰激凌，而是为了感受一下土耳其冰激凌的魅力。很多人特意千里迢迢赶到厦门，只是为了见一见土耳其小哥独特的买卖方式。

图 2-4　特色冰激凌店

从古至今，一手交钱一手交货是买卖双方认同的交易方式。但这家冰激凌店的土耳其小哥并不会那么轻易地把冰激凌卖出去，顾客在购买他家的冰激凌时，一定会被"戏耍"一番。这样的购买方式，不仅增加了卖家和顾客的互动，还给顾客带来了乐趣，同时让顾客体验了一番异国文化，可谓"一石多鸟"，无比划算。

正是因为有了这样的特色，这家冰激凌店的短视频才会迅速火遍抖音。很多人受猎奇心理的驱使，都想光顾这家冰激凌店。这样的营销何愁不成功，商家何愁不赚钱呢？

如果本身特色不明显，创作者可以靠想象来构建一个特色。例如，曾有一家名为"答案茶"的奶茶店（见图2-5），一度火遍全网，仅靠3天就吸粉30万人。那么，它到底是怎么做到的呢？

原来，这家奶茶店的奶茶具备一个特别的功能，就是"占卜"。当然，它不是能真正地预知未来。顾客在点单时，只要把问题写下来并在心中默念5遍，奶茶的杯盖上就会给出问题的答案。

图2-5 "答案茶"奶茶店

这种营销噱头让"答案茶"奶茶店的短视频刷屏抖音，取得了惊人的营销效果。这就是所谓的制造特色。

可见，拥有一个独一无二的特色，并且善于展示这种特色的不同之处，是多么机智的定位方法。创作者不用绞尽脑汁去构想，只需要放大自己的优势即可完成定位。

▶ 2.3.2 垂直于用户的记忆点

前文提到过，短视频定位要根据用户的需求来确定，如果得不到用户的支持，短视频很可能被草草刷过。因此，创作者可以深挖某一类用户的需求，垂直于他们的记忆点做内容，从而给用户留下深刻的印象。

以某抖音博主为例，其账号常常发布一些包含悬疑因素的视频内容。其所选择的用户群体就是喜欢悬疑因素的人群，然后在此基础之上，最大限度地满足该用户群体的需求。

该账号发布的每条短视频内容，都抓住了用户的猎奇心理，满足了用户对悬疑推理方面的需求，从而使这部分用户持续关注该账号发布的短视频内容，并逐渐成为该账号的忠实粉丝。

由此可见，稳定账号的风格很重要，但是满足用户的需求更加重要。在创作短视频时，无论是背景音乐的选择，还是题材的选择，都要与用户的记忆点垂直，这样才能做出好内容。

第 3 章 内容价值决定短视频的传播力

短视频账号运营"内容为王"几乎是广大创作者公认的真理。高价值的内容有着强大的生命力，不仅会被广泛传播，热度也会更加持久。

3.1 围绕用户寻找创作方向

创作方向是短视频内容的基调，只有以用户喜欢的主题作为创作方向，才能保证短视频不缺观众。

▶ 3.1.1 建立内容价值模型

价值模型是一种专业的分析计量的方式，是指能计算出各种后果价值的特殊决策模型。由此可知，内容价值模型是指利用模型，计算出内容能达到的最大价值或需要达到什么样的价值。

在短视频账号运营过程中，提前估量内容所具有的价值是十分有必要的。如果一个即将使用的内容，在前期估算中并不能带来预想中的效果，那显然是没有必要使用的，毕竟内容创作既消耗人力，又消耗物力，很容易得不偿失。

创业者可以根据以上标准试着构建一个简单的内容价值模型，如图 3-1 所示。

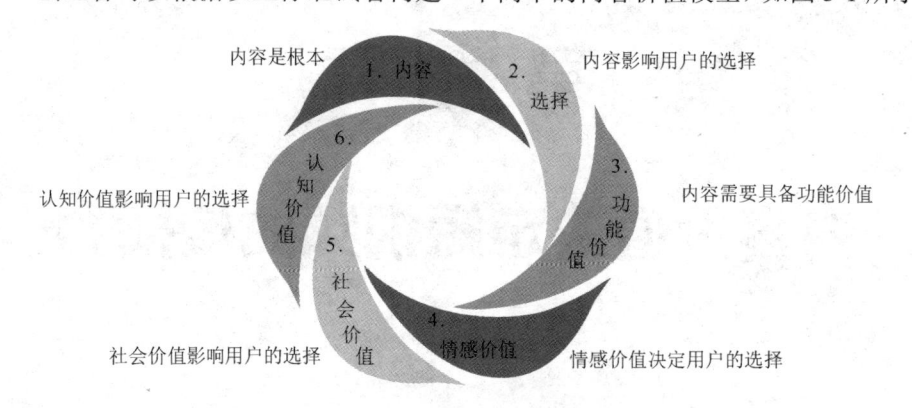

图 3-1 内容价值模型

在分析内容所具备的价值时，创作者需要间接地分析用户的选择趋向。

创作者首先需要认识到，内容是整个短视频的核心，它会直接影响用户的选择，也是影响营销效果的最根本因素。

针对这一点，创作者需要清楚内容是如何影响最终结果的。也就是说，创作者需要知道内容怎样才能带来重要的价值体现。

（1）内容需要具备功能价值。用户在选择喜爱的内容或产品时，一般会率先考虑功能性，毕竟谁也不想买回来一个毫无用处的物件。所以说，功能价值是内容必须具备的价值。

（2）内容需要具备情感价值。一个好的内容一定能传递出某种情感，具有情感吸引力的内容必定能吸引大量的用户群体。因此，在创作内容时，创作者一定要考虑情感价值所带来的效应。

（3）内容需要具备社会价值。社会是人们所处的根本环境，没有人能逃脱社会，因为有人的地方就有社会。社会一直以来都在潜移默化地影响着人们，影响人们的选择倾向。因此，创作者在创作内容时，必须考虑内容的社会价值。

例如，抖音账号"人民日报"发布的内容常常是传递社会正能量的短视频内容，传达出来的东西往往具备强烈的社会价值，对整个社会产生的影响力也是不可估量的。

（4）内容需要具备认知价值。认知价值能让用户具有最基本的选择欲望。用户需要知道短视频讲了什么，才会产生选择的欲望，所以认知价值也是创作内容时必须考虑的一点。

综合以上分析可知，创作者创作的内容一定要具备以上几种价值，才能收获预期的效果。

▶ 3.1.2 好内容≠蹭热点

很多短视频创作者都知道，用热点做文章是一个创作内容的好方式，但单纯的"蹭热点"只能蹭点皮毛。其实对于热点，除了要"蹭"，还要深度挖掘，这样才能创作出言之有物的内容。通常情况下，热点与内容结合的方法一共有 3 种，如图 3-2 所示。

图 3-2 热点与内容结合的方法

1. 对比

热点虽然有比较强的时效性，但是不同阶段的热点很可能具备一定的相似度。在这种情况下，创作者就可以将最近的新热点与过去曾经引起广泛讨论的旧热点进行对比，从而为人们营造一种暖心的回忆感。

另外，对新热点和旧热点进行对比，还可以让创作者在内容上有更加深入的挖掘。通过对比，创作者可以探讨某类事件频频出现的根本原因，从而向人们传达更加有价值的观点和见解，并获得人们的认同。

以人们重点关注的"交通纠纷"为例。如今，几乎每个月都会爆发出一个与交通纠纷相关的热点，如高速公路上的连环车祸、公交车坠落长江、汽车碾压儿童等。这些热点虽然爆发在不同的阶段，但其中隐藏的根本原因存在很多共通点。因此，创作者可以对这些不同阶段的热点进行对比并仔细分析，从而进一步增强内容的可信度。

2. 叠加

有的时候，一个热点可能无法带来太高的关注度。因此，为了能够进一步扩大内容的传播范围，创作者可以采用叠加的方法，即选择两个本来没有直接关系的热点，然后找出其中的内在连接点，从而使其连接在一起。

将热点进行叠加，一方面可以使内容受到更多人的关注，另一方面也可以使内容更加富有吸引力。一般来说，热点刚刚爆发时，会立刻涌现出一大批同类视频，创作者要想让自己的内容脱颖而出，必须展现创意。只有这样，创作者才能让人们观看视频后留下深刻的印象，从而达到良好的营销效果。

3. 延展

一个热点的爆发，体现的不仅是热点本身，还有更加深刻的内涵。创作者对一个热点进行延展性思考的过程，其实就是一个深度挖掘的过程。在这个过程中，创作者必须准确找到更有特色的切入点，才能让最终完成的视频与众不同。

创作内容时，跟踪热点、深入挖掘是非常关键的一个环节。要想把这个环节做好，创作者除了必须经常关注一些可以展现热点的平台，还必须掌握热点与内容结合的方法。了解了这些，就有助于提升内容的质量。

3.1.3 杜绝"自嗨"型产出：用户买账最重要

内容通常会在一定程度上反映出创作者的价值观，而这个价值观是否与观众的价值观趋于一致，则是内容是否会产生吸引力和关注度的重要评价指标。从本质上讲，价值观是情感的表达，所以创作者要想通过内容打动人心，就必须在内容中融入情感，让内容富有深意，同时还要迎合主要受众的想法，杜绝"自嗨"型产出。那么，创作者如何才能在内容中融入情感呢？可以从 3 个方面入手，如图 3-3 所示。

- 把情节安排得更加合理
- 选择生动有趣的形式
- 注重细节的打造

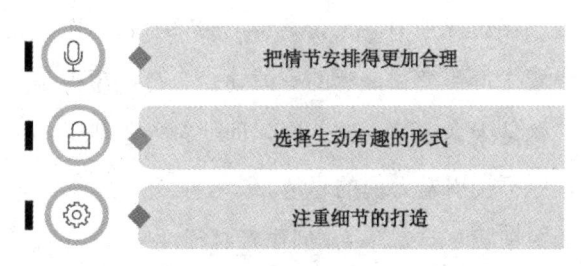

图 3-3 如何在内容中融入情感

1. 把情节安排得更加合理

表达情感的一个重要前提是视频必须符合基本要求，即情节合理，逻辑清楚。有些创作者为了将自己的情感融入视频中，强行推动剧情走向，导致很多角色的行为都不符合人们的常识性认知。这种内容会让人们感到虚假，从而无法将自己投射到其中。

要想通过视频表达情感，让人们产生强烈的共鸣，真实性是一个非常重要的因素。只有在逻辑清楚的基础上表现出贴近生活的情节，才能真正让人们有所触动，从而深入思考短视频究竟有什么内涵。

2. 选择生动有趣的形式

很多创作者都认为，表达价值观的内容必须非常严肃，所以经常会在短视频的最后安排一段看似专业但十分无聊的阐述。这其实是一个误区，因为价值观虽然是一件非常严肃的事情，但是其表现形式可以多种多样，展现个性。

创作者的价值观可以通过整个情节的走向来表达，可以用夸张、搞怪等娱乐手法传达给人们。这样不仅可以让人们在笑过之后陷入思考，体会到创作者的真实用意，还可以让整个过程更加自然，让创作者的价值观更容易被人们认可和接受。一个价值观能不能让人们感动和接受，不是在于内容的严肃与否，而是在于其深层次的含义有没有引起人们的共鸣。

3. 注重细节的打造

细节决定成败。在短视频中，无论是角色的穿着和动作，还是背景的安排，都可以成为创作者表达价值观和情感的有效途径。有些短视频并不具备太大的竞争力，究其根本，就是因为内容太过普通，即使融入了情感，也不会给人们留下非常深刻的印象，更不会引发人们的思考。

为了让自己的短视频更具竞争力，创作者必须注重细节的打造，从小处着手，让人们在观看以后觉得有新意、有创意，不会产生审美疲劳。事实证明，那些细节到位的短视频，不但可以充分传递内容的深意，还会被更多人喜爱。

▶ 3.1.4 别样的美食博主：有趣、有用、有价值

某短视频平台的一位美食博主凭借 3 条原创短视频，以超过 1 500 万人次的播放量的成绩，成为当下短视频创作者中的一匹"黑马"。那么，这位美食博主是如何在激烈的竞争中脱颖而出的呢？

看过这位美食博主视频的人都会产生这样一种感觉：别看她在上班，其实她在玩；别看她在玩，其实她在上班。这位美食博主从生活中挖掘素材，用素材打造出一种不一样的生活，从而"一炮而红"。

在这位美食博主发布的一段短视频中，她将饮水机上的饮水桶顶盖拆掉，倒入火锅底料，加热，等桶里的汤沸腾，倒入肥牛、金针菇和娃娃菜，再去楼下借

内容价值决定短视频的传播力　第 3 章

一点辣椒酱，然后旁若无人地在办公室品尝一顿川味火锅。这段看来有点奇葩的视频一经发布，便在网络上流传开来，许多网友称其为"美食界的一股泥石流"。

该美食博主的"办公室料理"，除了将饮水机当火锅，还有电脑主机摊煎饼菓子、可乐罐酒精灯爆米花、挂烫机蒸包子等。在她发布的短视频中，大多是人们意料之外的烹饪方法。这种既融入生活又享受生活的烹饪方式着实引领了新的潮流。

对许多白领来说，上班期间，大多数时候只能以点外卖或自己带饭两种形式填饱肚子。但外卖味道不佳，而带的饭菜经过微波炉加热后又会流失不少营养，且口感较差。于是很多白领开始选择将电饭锅、电磁炉带到办公室，利用午休时间给自己煮一顿美味的午餐。

实际上，这位美食博主的短视频之所以能火，正是因为她的烹调过程充满了创意。许多人认为办公室缺少自由，但这位美食博主想表达的是，办公室也有美食和快乐，只要放飞想象力，就能挣脱束缚。她的美食哲学体现出了当代年轻人对生活的态度，无约束、无边界、有趣味是她创作短视频的核心宗旨。在仅仅发布了 10 条短视频后，这位美食博主就实现了累计超过 3 亿人次的播放量，全网粉丝数量更是超过了 300 万人。

这类取材于生活的短视频，其内容最鲜明的特点便是发现生活中不一样的地方，以创新的内容持续吸引用户的关注，不断增加曝光率，以获取最好的运营效果。

3.2　讲一个好故事

人人都爱听故事，故事可以将内容生动化、形象化，让听众记忆深刻。在内容中融入故事或以故事的形式表现内容，是与用户产生共鸣的方式。

3.2.1 故事可以拉近与用户的距离

纵观各大短视频平台上大热的短视频账号，其内容基本上都有很强的故事性。故事性是指采用对话、描写、场景设置等细致入微的手段来展现情节与细节，突出内容中所隐含的能够让用户产生兴奋的点，以此拉近与用户的距离。

现年40岁的某快手博主拥有两个不同的身份。在现实世界，他是一位再普通不过的农民，而在短视频平台上，他则摇身一变，成为坐拥上百万名粉丝的短视频博主。他的快手账号曾经被多家知名媒体报道过，引起了非常广泛的关注。

从入驻快手开始，该博主就坚持拍摄山村里的各种故事，然后发布到账号上。为了提升视频的可看性，他经常会装扮成一些家喻户晓的人物，如鲁智深、许文强等。此外，该博主还仔细展现山村生活的每个细节，从笋干的制作到山茶油籽的采摘，从大山里的美景到新建的房屋等。

凭借极具戏剧性的演绎、幽默十足的语言，以及生动的语调，该博主让自己的家乡被更多人知道，为家乡的土特产开拓了销路，实现了山村与外界的紧密连接。可以说，他利用自己的快手账号带动了家乡的发展，帮助更多贫困农民增加了收入。

与上面这位博主主打山村故事不同，另一个短视频博主主打更受年轻人喜爱的小清新故事。在他发布的短视频中，恋爱故事、吵架故事、情景段子应有尽有。同时，该博主还非常注重场景的设计和情节的选择，主要目的是让用户在观看视频以后能够会心一笑，而不会感到特别尴尬。

内容创作出来要给用户观看，如果用户不喜欢，内容的质量再高也没有太大价值。这就意味着，创作者必须拉近与用户的距离，尽量在内容中加入一些故事化的元素，从而引起用户的共鸣，激发用户的兴趣。

3.2.2 情节有反转，用户才喜欢

在创作内容时，一个好的创作方法可以让内容大放光彩，并将内容的吸引力提升到一个更高的层次。那么，对一条短视频来说，如何设计内容才能让其更加完美呢？其实并不难，创作者可以使用一种戏剧学领域的方法——加入反转。

反转可以形成对比，有对比就会有反差，反差会产生情绪和能量，情绪和能量则可以让人们产生冲动，这就是反转的效果。如果用科学理论来分析反转的效果，那就是人类的神经系统产生的化学反应到达一定阈值之后，必须通过行动释放出来，以实现机体的平衡。因此，当内容中有了反转，并成功激发用户的化学反应时，相应的"笑果"就会产生。

例如，对于羊驼这种动物，人们最初并没有注意到它能吐口水，只是觉得它造型奇特，表情呆萌，十分可爱。随着羊驼的迅速走红，很多短视频平台上都出现了很多人与羊驼合影的视频。其实合影本身是一个十分正常的动作，但如果在合影的过程中，羊驼突然吐口水出来，就可以形成反转，从而让人们在感到意外的同时忍俊不禁。

由此可见，与情节平缓的内容相比，加入反转的内容更有力量。但需要注意的是，在加入反转时，创作者一定不可以把反转与对比搞混，这是两种截然不同的方式。反转是指基于时间顺序呈现出的差异性，而对比则是在同一时间下呈现出的差异性。

虽然反转和对比都能带来不错的效果，但反转的效果要略胜于对比。因为在反转之前通常会有一个铺垫，这个铺垫会让人们积蓄某种情绪，而反转的出现会让人们的这种情绪来个"急刹车"，并随之产生完全相反的情绪，从而让人们对内容印象深刻。

在创作内容的过程中，适当加入一些反转会让十几秒的视频增色不少。如果创作者可以把反转运用到最高层次，还可以在反转中嵌套反转，从而达到更好的效果。

3.2.3 在故事中嵌套故事

在创作短视频时,有些视频内容过于单薄,故事结构过于简单,导致用户没有记忆点,使短视频的耐看性大大降低,从而无法让短视频获得很高的关注度。

面对这样的问题该如何解决呢?可以从视频故事的结构入手,有一个常用的方法是在故事中嵌套故事,这样不仅可以增加整条短视频的信息量,还能使短视频的耐看性大大提高,有时用户可能看一遍短视频被吸引以后,还想更深入地探讨短视频中是否有彩蛋或隐藏线。

例如,一条短视频的内容是一个男生滔滔不绝地在前面说,后面一个女生崇拜地看着他。网友看到这条视频,肯定会说:"那个女生爱上那个男生了!"

这样的故事结构很平常,用户看完很快就忘了。要想让这条短视频给用户留下深刻的印象,创作者可以在原有的故事中加入另一个故事来达到嵌套的目的,从而使这条短视频的信息量增加。具体的操作方法分为四步,如图3-4所示。

第一步,制作第一个故事脚本。

第二步,制作第二个故事脚本。

第三步,通过一个嵌入点,把第二个故事脚本嵌入第一个故事脚本。

第四步,如此循环往复,直至故事结束。

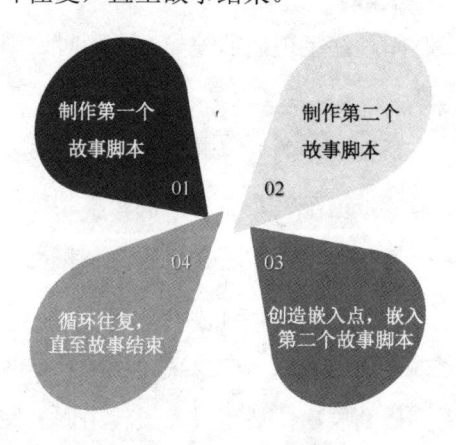

图3-4 故事嵌套四步法

假设将上面的故事场景变一下：男生面对镜头读着经典台词，女生在后面崇拜地看着他，这时路人或同事从女生身后走过，朝女生飘来一个眼神。这就嵌入了第二个故事脚本。

还可以再加一个故事脚本。例如，路人走过后，女生接了一个电话，说："老公，开会呢！"然后挂断。、

嵌入上述两个故事脚本后，这个故事就多了很多戏剧冲突，信息量也大增。如果创作者觉得这样还不够，还可以继续添加故事脚本，从而使戏剧冲突更多，信息量更大。

▶ 3.2.4 现身说法更具说服力

创作短视频时，如果创作者有身份上的独特优势，完全可以利用起来，进行现身说法，以自己的亲身经历或真实处境来创作内容，在增加内容可信度的同时使传播效果别具一格，从而大大增加内容的感染力。

例如，某短视频博主凭借一条十一"黄金周"的安全小提示视频，瞬间在抖音爆红，成为警察界的"网红"。

短视频中的这位警察小哥打破了人民警察在百姓心目中传统的严肃形象，以逗趣亲民的形象迅速拉近了和百姓之间的距离，同时还把法律知识悄无声息地普及到百姓的心里，赢得了大家的喜爱。

3.3 内容要兼具个性与趣味

独特且有趣是优质短视频必备的两个特点。有些短视频之所以能获得大量的点赞，是因为它们足够有趣且独一无二。

3.3.1 原创内容更具吸引力

互联网市场的竞争以内容为核心。因此，要想提升短视频的运营效果，创作者就必须创作出更加具有吸引力的内容。那么，什么样的内容才更加具有吸引力呢？毋庸置疑，一定是原创内容。

一般来说，原创内容需要围绕短视频账号的定位来进行构思，内容的来源可以扩散到各个方面，如生活日常、兴趣特长、热点翻拍、颜值身材等。只要掌握一些比较实用的技巧，大幅度增强内容的既视感，原创内容的创作就没有那么难。

一开始，绝大多数创作者都是自己构思原创内容，但是随着知名度和影响力的提升，就需要组建团队，让成员来提供创意，从而有效防止后继乏力现象的出现。除此之外，在创作原创内容时，创作者还必须格外注意以下几个方面。

1. 充分展示自己的特色

创作原创内容最大的难点就是，很可能会出现定位不明确的情况。也就是说，创作者在创作过程中，常常充满了各种各样的不确定性，甚至还会因为盲目听从其他人的建议，而让自己的短视频账号定位变得不伦不类。

因此，在创作原创内容时，创作者要时刻牢记自己的特色，并将其充分展示出来。这种循环加深记忆的方法，不仅可以使短视频在人们心中留下深刻的印象，还可以让账号的特色获得较大的影响力。

某短视频账号通过"算八字"为用户起名字，其特色就是国学起名。为了让自己的原创内容更加具有吸引力，该短视频账号不仅秉承定位的要求，还十分注重特色的展示。另外，该短视频账号还将各种起名方式分门别类，极大地方便了用户观看。

对任何一个短视频账号来说，具有特色的原创内容都是其立足短视频平台的根本，同时也是提升运营效果的重要途径。因此，在创作原创内容时，创作者首先要形成自己的特色，然后将其充分展示给人们。

2. 将热点融入原创内容

不得不说，每个热点都蕴藏着巨大的流量，可以吸引更多的人。这就意味着，如果将热点融入原创内容，肯定会产生意想不到的效果，给原创内容带来更高的曝光量和关注度。

以快手上的"快手小管家"为例，这个短视频账号本身就是一个热点，所以很多创作者在发布短视频时，都会主动@"快手小管家"。"快手小管家"被@的次数越多，其曝光量和关注度就会越高，那么与之相关联的内容就有机会被流量加持，成为新的热点。

实际上，对于原创内容，各大短视频平台一直都有相关的保护措施。以快手为例，当某个短视频账号有抄袭嫌疑时，快手官方账号就会向其发送私信，具体内容如下："您好，快手提倡用户上传分享优质的原创作品。请勿转发他人的原创作品、其他平台内容，以及通过剪辑、拼接、翻拍他人的作品及直播，此类行为将会直接影响到您的作品展现。"

如今，各短视频平台的大环境较为舒适，每个创作者都有精力提升自身的实力。只有具备了足够强大的实力，原创内容才会源源不断地涌现，短视频行业的正常运营和良好发展才会更有保障。

▶ 3.3.2 实现内容场景的创新

任何一个创作者都有可能遇到创作瓶颈，每当这个时候，视频的播放量就会达到饱和，用户的审美疲劳也变得越来越严重。要想突破这样的瓶颈，让短视频账号保持长久的生命力，就必须以用户的喜好和需求为基础，实现场景的创新。

视频中的场景非常复杂，一个大场景往往由很多小场景共同构成。其中，前者起统领作用，奠定了视频的主基调，而后者则是短视频的闪光点，可以大幅度提升短视频的吸引力。在创作内容时，每个小场景都可以被创新，而且场景越小，越容易让用户产生共鸣，从而感受到真正的快乐。

短视频：新时代红利重构

另外，在创新场景的过程中，创作者还应该分清主次场景。主要场景在整个短视频中必须处于支配地位，统筹兼顾，指引次要场景；次要场景必须与主要场景统一。这样的话，不仅有利于形成连贯且符合逻辑的完整场景体系，还可以保证用户在观看短视频时不会产生错位感。由此可见，要想对场景进行不断创新，必须全面考虑主次场景，从整体上把握短视频的各个部分，最终创作出真正令用户满意的短视频。

某博主经营了一个主打美食类内容的短视频账号。由于该博主的胃口特别大，所以她在每条短视频中都会吃下大量的食物，并因此获得了许多人的关注。但必须承认的是，如果所有短视频都以"吃"为主题，而且流程大致相同，用户迟早会感到审美疲劳，因而失去兴趣。为了解决这一问题，该博主就开始对场景进行创新。

最初，该博主的短视频都是在固定地点拍摄的。为了实现创新，充分激发用户的观看兴趣，该博主决定去各个店铺完成短视频的拍摄，用各种各样的场景来增加新鲜感。与此同时，她还向用户推荐美食，为店铺打广告，因而产生了很大的经济价值。

在该博主的视频中，吃食物是主要场景，其他构成部分都是次要场景。在每条短视频中，她穿的衣服都不一样，拍摄的构图方法也不一样。这些举措的主要目的是对主要场景进行调整，使次要场景与食物搭配得更加自然，进而有效避免人们产生错位感。

另外，因为想吸引更多人关注，所以该博主的短视频内容比之前好了很多，已经从单纯地吃食物转变为"有主题"地吃食物。例如，她曾经在学子高考期间做高考特辑，还推出了母亲节特辑等，从而为自己的短视频赋予了不一样的意义，内容也变得更加有新意。

要想提升短视频账号的活跃度和生命力，对场景进行创新是最有效、最直接的途径。不过，创新固然非常重要，选择正确的方法更加重要。创作者必须了解场景大小，分清主次场景，只有这样才能让内容更加完整和立体。

3.3.3 挖掘生活场景，平凡中制造不平凡

随着生活节奏越来越快，人与人之间的沟通越来越少、越来越简化，人们渴望了解他人，满足社交需求。基于这种需求，在各种短视频平台上，一些人的日常生活被浓缩成短短十几秒的短视频，为人们带来了新奇的感官体验。

之前，娱乐类内容是各大短视频平台的主力，但现在生活类内容越来越受欢迎。相关数据显示，在一段时间内，各大短视频平台中生活类内容的搜索指数仅次于娱乐类内容，而且远远高于其他类内容，如图3-5所示。

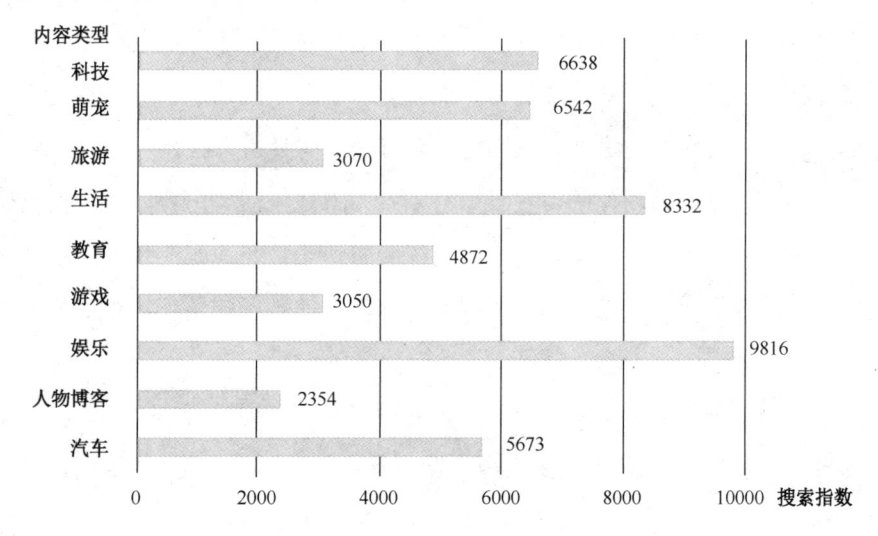

内容类型	搜索指数
科技	6638
萌宠	6542
旅游	3070
生活	8332
教育	4872
游戏	3050
娱乐	9816
人物博客	2354
汽车	5673

图 3-5　各大短视频平台中各类内容的搜索指数

从图3-5可以看出，生活类内容的搜索指数达到了8 332。反观其他类内容，如教育类内容，其搜索指数只有4 872，被高度看好的萌宠类内容的搜索指数也只有6 542，而游戏类内容的搜索指数更低，只有3 050。

那么，为什么生活类内容可以从激烈的竞争中脱颖而出，成为各大短视频平台的主力呢？原因大致可以从以下几个方面进行分析。

短视频：新时代红利重构

1. 门槛较低，不需要太高深的技巧

在创作生活类内容时，创作者只需要拿起手机拍摄，不会花费太多的时间和精力。不仅如此，在拍摄完毕以后还可以直接发布，不需要添加太过华丽的文字和特效。可以说，生活类内容几乎是每个人都可以创作的内容，门槛较低。

此外，生活类内容不需要太高深的技巧就可以创作出来，所以非常受创作者的追捧。如此一来，生活类内容的整体数量就有了大幅度增加。

2. 贴近现实，有利于形成亲切感

在生活类内容中，那些美好的"小确幸"随处可见，十分贴近现实，不仅很容易就能让人们感受到生活中的温情，而且有利于形成亲切感。对于整天忙于工作、疏忽生活的人来说，这样的内容无疑具有强大的吸引力。

某个拥有近百万名粉丝的短视频账号主打的就是生活类内容，通过短视频来展现主人生活中的各种细碎的趣事。在短视频中，无论是妈妈的角色，还是儿子的角色，全部都由博主自己扮演，甚至连偶尔出现的孙子的角色，也由博主亲自扮演。

作为一个以创作生活类内容见长的短视频账号，其通过写实的方法，以嬉笑怒骂的形式，将主人公的生活展现出来，让人看了就忍不住大笑。从成立到现在，该短视频账号已经获得了上百万个点赞，评论数量也在不断飙升。

很明显，对于该短视频账号输出的生活类内容，很多人都非常喜爱，这也是该短视频账号迅速吸粉的重要原因之一。另外，为了提高竞争力，该短视频账号还将内容分为以下几个系列。

（1）"隔代亲"系列。该系列从奶奶对孙子和儿子的不同态度着手，通过对比反差来形成笑点，为人们带来无限的乐趣。

（2）"妈妈唱歌"系列。主人公把妈妈在家里唱歌的模样模仿得惟妙惟肖，而且在模仿中还夹杂着一丝搞笑。

（3）"妈妈与邻居"系列。这个系列的主题是，通过演绎妈妈与邻居谈论家

长里短来传达欢乐，内容不仅诙谐幽默，还可以充分引起人们的共鸣。

在该短视频账号发布的短视频中，主人公有着极强的表演天赋和模仿能力，将奶奶、妈妈、邻居、儿子等形象演绎得活灵活现，并在挖掘生活场景的同时向人们散播快乐和幸福。这样既有利于提高视频的可看性，又有利于引起人们的深度共鸣。

总之，生活类内容已经被越来越多人喜欢，所以说，每位创作者都应该重视此类内容，在掌握相关方法的基础上进行创作。除此之外，创作者也应该运用发散思维，不断创新，以另辟蹊径的方式给人们带来新鲜感，从而更好地引起人们的共鸣。

▶ 3.3.4 另类视频内容：深入生活，吐槽犀利

某博主凭借其特有的表演天赋和媒体资源在各大短视频平台走红，并获得了一大批人的关注和喜爱。她之所以能取得如此亮眼的成绩，主要是因为输出了高质量的"吐槽"类内容。

该博主的"吐槽"非常有特点。首先，聚焦时事热点；其次，融入日常生活中的现实情景；最后，对"吐槽"点进行深入挖掘，为人们营造极具个性的"吐槽"体验。

虽然"吐槽"是该博主的一个重要标签，但她并不是为了"吐槽"而"吐槽"，而是在表达很多人想说却无法说出口的想法。对当下的很多年轻人来说，这无疑具有直击内心、醍醐灌顶的作用。

确实，现在的很多人，尤其是年轻人，都具有"凝视人生真相"的需求，该博主的"吐槽"恰好能够满足这一需求，于是该博主便顺理成章地成为追求个性、彰显自我的典范。

在各大平台上，该博主的很多短视频都有非常高的点击率，如"不同人去看演唱会""假如医生是巨星""年轻人 VS 老年人让座""如何像一个明星一样

短视频：新时代红利重构

说话""女生喝奶茶的原因"等短视频。这些短视频虽然讲述的都是一些生活中十分常见的现象，但因为说了很多人的心声，所以获得了非常不错的关注度。

除了个性，该博主的"吐槽"还极富趣味性。在吐槽时，她虽然使用的都是犀利、直接的言辞，却不会令人生畏或反感，反而还能带来一些意想不到的笑点。再加上她本身就具有表演基础，所以经常会逗得人开怀大笑。

例如，在点击率极高的"男性生存法则"系列的"男默女泪"这条短视频中，该博主站在女性的角度对"女性和男性对事物的看法如此不同且男性总是无法明白女性的想法"这一生活现象进行了言辞犀利的吐槽，说出了很多女性的心声。

第 4 章

如何打造出高点击率的优质视频

短视频制作是广大短视频创作者需要具备的一项基础能力，一个好选题、一份好内容，如果能有精良制作的加成，就很可能会成为"爆款"。

4.1 短视频制作前期准备

好的开始是成功的一半，创作者在制作短视频之前必须做好充足的准备，选择合适的设备，搭建好摄影棚，这样才能保证后续工作的顺利开展。

▶ 4.1.1 如何选择设备

俗话说："工欲善其事，必先利其器。"在拍摄视频之前，必须先购置适合的设备。所谓适合，其实就是指设备要与视频的拍摄工作相匹配，可以让创作者在拍摄的过程中得心应手，实现超常的发挥。目前，比较常见的设备主要有 3 种，如图 4-1 所示。

短视频：新时代红利重构

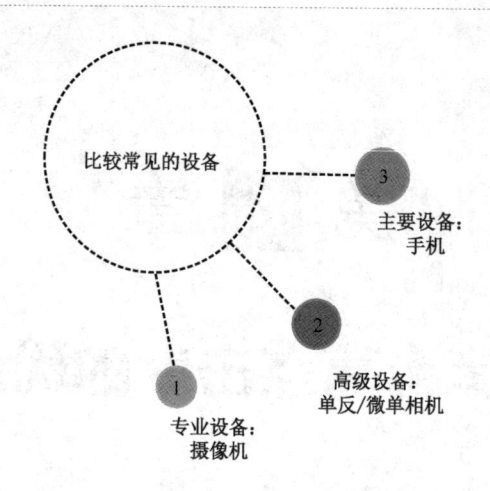

图 4-1 比较常见的设备

1. 主要设备：手机

随着科技的不断发展，具有极高像素的手机已经随处可见，普及率几乎达到了100%。在这种情况下，手机自然而然成为拍摄视频的主要设备。如今，手机的摄影、摄像、美颜、瘦脸等功能已经非常全面，并且十分强大。随时随地拍摄出大片不再是梦想，只要稍加培训，大部分人都可以用手机拍摄出十分流畅的短视频。

2. 高级设备：单反/微单相机

可以满足一般质量的短视频要求，要想拍摄出更高水准的短视频，创作者需要一些高级设备，如单反相机、微单相机等。当然，这些设备往往需要创作者具备一定的拍摄技巧，同时还要多加练习，积累丰富的实践经验。

3. 专业设备：摄像机

与前两种设备相比，摄像机更加专业，一般用来拍摄新闻、综艺等比较专业的视频。现在，各大短视频平台都出现了很多非常专业的团队，开始使用摄像机进行视频的拍摄。通常而言，摄像机的像素特别高，对于画面要求较高的视频非常合适。此外，摄像机的储存量也大，适合大量素材的采集。

除了拍摄设备，后期制作设备也非常重要。一般来说，后期制作设备就是电脑。但是，不同的视频对电脑的性能有不同的要求，越复杂的视频，越需要性能高的电脑。以动画类视频为例，如果后期制作时电脑的性能跟不上，就会对最终的呈现效果产生严重的影响。

由此可知，要想拍摄出高质量的视频，设备是非常重要的一个因素。因此，为了最大限度地减少问题的产生，同时也为了激发人们对短视频的兴趣和热情，创作者要尽量选择能力范围内最适合的设备。

▶ 4.1.2 依据主题搭建摄影棚

摄影棚的搭建是短视频前期拍摄准备中成本支出最高的一部分。摄影棚对每个专业的短视频拍摄团队而言都是必不可少的。要想搭建一个摄影棚，首先需要一个 30 平方米左右的工作室，过小的场地可能会导致摄影师拍摄距离不够。工作室大多采用租赁的方式，但是一定要选择较为稳定的场地租赁，防止发生拍摄进行到一半却被要求搬走的尴尬局面。

在摄影棚搭建完毕之后，就要进行内部的装修设计了。装修设计必须依据短视频的主题来进行，最大限度地利用有限的场地。道具的安排必须紧凑，避免不必要的空间浪费。短视频的场景必然不会是一成不变的，这就要求其场景的设计必须灵活，这样才能保证短视频拍摄过程中可以自由地改变场景。

摄影棚内部的一些设备也是一笔不小的支出。各色背景布或背景墙都是必需的，在选择上应该尽量挑选可重复利用的。与背景布相配套的还有电动卷轴。闪光灯是短视频拍摄过程中必不可少的设备，虽然价格较高，但仍应在能力范围内选择更好的。蜂窝、柔光箱、滤片、雷达罩、反光伞、柔光伞和反光板等这类小件设备价格较低，但同样也是必不可少的。

摄影棚的搭建是短视频前期准备中最重要的一部分，不仅耗费较高的资金，同时还需要短视频制作团队倾注大量的心血，依照短视频的主题进行精心设计。短视频的脚本是搭建摄影棚的根本指导性文件，一切场地安排都要遵从脚本的设计，避免与主题不符的情况发生。

4.2 组建制作团队

随着短视频账号的发展，其对内容更新的频率和质量会有更高的要求。这时，创作者就要着手组建制作团队了，明确团队成员的职责和分工，为短视频账号安装"驱动马达"。

▶ 4.2.1 把握 5P 要素，建立优秀的团队

应该如何建立一个优秀的制作团队呢？关键在于掌握 5P 要素，如图 4-2 所示。

目标 Purpose　　定位 Place　　权限 Power

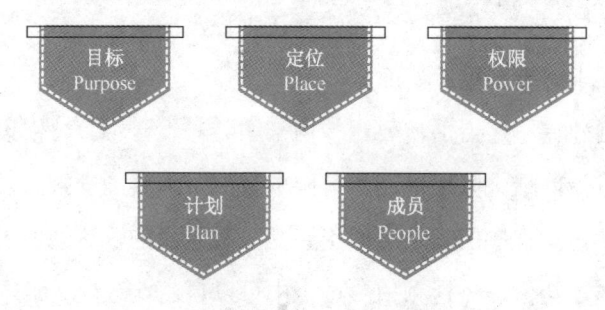

计划 Plan　　成员 People

图 4-2　建立优秀团队的 5P 要素

1. 目标（Purpose）

目标是一个团队长久存在的必备要素。在着手树立目标之前，创作者需要解决以下 3 个问题。

（1）建立团队的原因是什么？

（2）建立团队之后，希望团队解决什么问题？

（3）团队应该达成什么样的成就？

当上述 3 个问题有了准确的答案，目标自然就会变得十分明朗。很显然，建

立团队的原因是进行短视频账号运营，接下来要解决的问题一定是：怎样才能使短视频账号运营达到最好的效果，以及使短视频账号具备更大的知名度和影响力，为公司和品牌起到良好的宣传效果？

除此之外，目标还有更加深远的意义。首先，目标可以使团队中的成员振奋精神；其次，目标可以充分激发出每位成员的潜能，从而获得超乎寻常的结果；最后，目标可以让成员在成长中体会到发展的真意，并成功追寻心理上的自我实现。

很多时候，目标就如同一个共同愿景，可以发挥出非常强大的力量。只有拥有了共同愿景，团队中的成员才知道自己的角色和任务，然后服从安排，认真工作，最终产生"1+1>2"的合力，用更高的效率达成团队的要求。

创作者需要注意的是，目标并不是不可以改变的。例如，在开发出新产品以后，团队的工作重心应该是拍摄与新产品相关的视频，以便用最快的速度将新产品推广出去。因此，目标需要随着工作重心的转移而不断改变。

2. 定位（Place）

在著名学者杰克·特劳特的《定位》一书中，定位被视为一种非常重要的营销手段。在建立团队的过程中，定位也非常重要。不过，团队定位的核心并不是外部的竞争环境，而是内部的成员身份。

在探讨团队的定位之前，创作者有必要搞清楚一些非常重要的问题。例如，团队的类型是什么？团队面临的首要任务是什么？成员应该拥有什么样的身份？团队的专攻方向是什么？搞清楚这些问题之后，为团队确定一个科学合理的定位，进而整合出团队在市场中的位置。

总而言之，确定团队的定位是一项重要工作，因为每个团队都有自己的独特之处，与其他团队存在很多方面的不同，如生命周期、一体化程度、工作方式、授权大小、决策方式、发展策略、成员分工等。

例如，某个知名美妆团队的定位是通过演戏的方式来传递美妆知识。而另一个美妆团队的定位则是亲自上阵进行化妆教学。这就是不同团队之间的巨大差异，所以创作者必须根据实际情况来确定团队的定位。

3. 权限（Power）

这里所说的权限是指职责和权力的分配，该要素与团队的发展阶段密切相关。一般情况下，团队越成熟，领导者拥有的权限就越少；在团队刚刚建立时，领导者拥有相对集中的职责和权力。那么，创作者应该如何安排权限呢？需要从以下两个方面着手。

（1）明确团队应该设计哪些权限如财务决定权、人事决定权、信息决定权等。

（2）确定团队的基本特征，如团队的规模有多大、团队的成员数量是否足够、组织对团队的授权有多大、团队的业务是什么类型等。

结合上述两个方面来考虑权限的安排，不仅可以将所有不必要的错误扼杀在摇篮中，还可以让团队走得更远，生命力更加旺盛。

4. 计划（Plan）

计划是团队所做工作的一个简要梗概，有了这个简要梗概，后续的所有事情都可以有一个明确的参照。通常来说，计划一共有两层含义，具体如下。

（1）目标的最终实现往往需要一系列具体的行动方案，创作者可以将这些行动方案理解为计划。

（2）有了详细的计划，团队的进度和效率就有了强大的保障。因为只有在计划的指导下，团队才能一步一步地完成所有工作，最终实现既定的目标。

由此可见，在建立团队的过程中，创作者需要明确计划，然后让团队成员按部就班地实施这些计划。只有这样，才能让团队有条不紊地走向成熟，推动短视频账号运营取得巨大成功，进而从侧面展示团队强大的能力和雄厚的实力。

5. 成员（People）

在 5P 要素中，成员无疑是最重要的一个，正所谓"巧妇难为无米之炊"，如果没有团队成员，基础再扎实也无济于事。任何一个团队都是由成员组成的，前面提到的目标、定位、权限、计划，都为这个要素服务。因此，创作者可以这样认为，团队能否取得理想的结果，在很大程度上取决于成员的配置是否足够合理。

创作者必须记住的是，团队绝对不只是几位"最优秀"成员的简单集合，而是能够让每位成员都产生协同作用的合理配置。这就意味着，在为团队选择成员时，创作者面临的问题不只是"哪些成员最优秀"，还有"如何为团队提供最合理的配置，从而取得最理想的结果"。

当上述 5P 要素全部具备以后，创作者就可以建立一个优秀的团队，然后以团队的方式运营短视频账号，最终打响品牌和公司的名气，获得丰厚的盈利。事实也证明，围绕 5P 要素建立的团队，不仅拥有强大的战斗力，还具备强大的凝聚力。

▶ 4.2.2 明确团队成员的职责和分工

成员是团队中的核心力量，要想让团队顺利成长，必须实现团队成员的合理配置，也就是明确团队成员的分工和职责。一般来说，在进行短视频账号运营时，团队至少应具备以下几种类型的成员，并让他们各司其职，如图 4-3 所示。

图 4-3　团队成员的分工和职责

1. 布局者

布局者通常是团队中的灵魂人物，由于每条短视频在创作前都需要进行周密的布局，所以布局者的作用非常大。而且，如果布局者没有对短视频进行布局和审核，或者中途出现纰漏，就会对后续工作产生非常严重的影响。

2. 数据分析者

数据分析者负责跟踪最新动态、火爆玩法、热点信息，并在此基础上与自有品牌的调性相结合，确定短视频的创意和方向。另外，数据分析者也要了解粉丝的兴趣偏好，与粉丝做朋友，根据粉丝的需求为策划者提供相关素材。

3. 策划者

一般来说，策划是指编剧、导演、监制等，其主要职责是，在拥有大致的布局以后，对短视频的主要内容进行策划和编排，保证短视频的质量。可以说，策划者是团队中不可缺少的中坚力量。

4. 营销者

营销者的职责是对已经创作完成的短视频进行推广，对公司和品牌进行宣传。当然，他们有时也会为策划者和布局者提供中肯的意见。作为团队中的重要推手，营销者经常需要对很多方面保持关注，拥有极为关键的地位。

5. 演员

在短视频中，演员是不可缺少的一部分，甚至可以这样认为，演员的优秀与否与短视频质量的高低密切相关。因此，在选择演员时，创作者必须谨慎考虑，认真思量，争取为用户呈现出最好的视频。

在进行短视频账号运营时，团队的构建、团队成员的分工都是十分关键的环节，如果能将这两个环节做好，不仅可以保证短视频创作与后续推广的良好势头，还可以让团队中的每位成员都充分发挥作用，找到自己的价值，实现效率和质量的同步提升。

4.3 短视频制作步骤

组建好团队之后,接下来就要制作短视频了。一条完整的短视频需要经过拍摄、音乐加工、剪辑加工三步,才能正式发布。

▶ 4.3.1 拍摄:巧用运镜,拍出技术流大片

随着短视频的日益火爆,除了内容丰富的短视频,以"酷""炫""炸裂"为特点的技术流视频也越来越多。现在,有很多短视频账号都通过"迅速换装""三步移景"的方式获得了大量关注,而在这些方式的背后,不得不说的就是运镜拍摄手法。

相对来说,运镜是一种难度比较高的技术流拍摄手法,创作者掌握这种拍摄手法不仅可以让自己的视频看起来更加高端,还可以大幅度提升自己的拍摄技巧。实际上,在短视频刚刚火起来时,就有人使用运镜拍摄手法了,还有一些短视频账号借此收获了一大批忠实的粉丝,成为一些短视频平台上最原始的技术流。

无论是在层次上还是在新颖性上,使用运镜拍摄手法的视频都更有优势,为广大用户创造了可望不可及的视觉享受。那么,具体应该如何使用运镜拍摄手法呢?又有哪些需要注意的地方呢?可以从以下几个方面进行分析。

(1)对初学者来说,最重要的就是选择合适的拍摄环境。相关实验证明,洗手间是最适合使用运镜拍摄手法的环境,因为门框和洗手台之间的直接距离非常近。

(2)在使用运镜拍摄手法时,创作者可以让门框挡住镜头,然后进行适当的镜头翻转。

(3)如果有背景音乐,运镜必须与音乐节奏相契合。创作者可以用手指挥镜

头,手往哪个方向去,镜头就跟着往哪个方向去。

(4)要想使用快速或极快的镜头拍摄模式,创作者需要让背景音乐慢下来,认真听节奏,然后将自己的动作放慢,把手放稳,镜头不要乱晃,否则画面会出现模糊等问题。另外,如果背景音乐的节奏比较弱,创作者必须让镜头跟着手的指示不断移动。

(5)最后需要注意的是,创作者一定要把拿着拍摄设备的那条胳膊伸直,这样可以有效防止画面出现剧烈的抖动。

当然,除了上述几个方面,还有一些拍摄技巧需要创作者学习。创作者可以在相关平台搜索运镜拍摄手法的教程,掌握运镜技巧,拍摄出更加精美的短视频。

▶ 4.3.2 音乐加工:用背景声音为短视频增色

在制作短视频时,很多创作者通常会为短视频添加背景音乐,因为背景音乐是可以贯穿整条短视频的重要元素。各大短视频平台都提供海量的背景音乐。如果对这些背景音乐进行分类,可以分为两种类型,如图4-4所示。

图4-4 背景音乐的两种类型

1. 节奏型背景音乐

节奏型背景音乐往往节奏感非常强,而且鼓点较为明显,所以人们在听的时候,容易被节奏带着走。通常情况下,节奏型背景音乐比较适用于舞蹈类、运动类、技术类短视频。

对于添加了节奏型背景音乐的短视频,在拍摄时,场景可以随着背景音乐的节奏进行切换。例如，假设主角是一个人，那么镜头就可以随着背景音乐节奏的变化拉近或拉开，打造一种人会随着节奏出现或消失的画面。如果主角是"物"，镜头则可以随着背景音乐节奏的加强进行抖动或旋转。

总而言之，只要让人、镜头、物三个元素随着背景音乐的节奏动起来，就可以让短视频出现意想不到的效果。不过必须注意的是，在这三个元素中，最好不要出现两个或三个同时变换的情况，否则会给人们一种层次不清的感觉。

2. 情节型背景音乐

情节型背景音乐的歌词和旋律比较婉转，鼓点也没有节奏型背景音乐那么明显，会让人们在一种温和的环境下逐渐被吸引。除此之外，那些具有某种情节的对话录音也属于情节型背景音乐，只不过使用的频率并不是很高。

在拍摄使用情节型背景音乐的短视频时，必须提前把所有的情节都设计好，然后适当地加入一些特写，如日常生活场景特写、风景特写等。这样不仅可以保证拍摄的顺利进行，还有利于增强短视频的可看性。

对一条短视频而言，不同的氛围需要不同类型的背景音乐，具体如何选择必须由剪辑师与脚本提供者沟通过后再进行确定。唯一可以确定的是，背景音乐离不开短视频本身的内容，两者必须高度契合。实际上，判断一首背景音乐是否足够好的标准就是，其与短视频内容的契合度是否足够高。

好的背景音乐可以烘托气氛，突出重点，让人们更好地理解短视频拍摄团队想要表达的内容。当短视频的情节逐渐走向高潮时，可以选择节奏感比较强的背景音乐，以充分调动人们的情绪。如果是悬疑类短视频，那就可以在谜底揭开之前使用令人紧张的背景音乐，从而让人们更加投入。

当然，即使创作者找到了一首非常适合的背景音乐，也不能直接投入使用，因为仅凭一首背景音乐还不足以完全表现出短视频的复杂情节。在这种情况下，剪辑师就需要将多首背景音乐按照情节的发展剪辑在一起，从而让短视频具有更强烈的代入感。

另外，在对背景音乐进行剪辑时，要让音乐节奏与画面的切换保持一致，这样可以让画面更有层次感。与此同时，背景音乐的选择和使用还应该张弛有度。例如，节奏快的背景音乐多适用于多镜头快速切换，节奏慢的背景音乐则多适用于长镜头。

最后比较关键的一点是，创作者最好选择那种不带歌词的背景音乐，以免歌词对人们的思维产生影响。当然，版权问题也必须得到足够的重视，如果使用了有版权的背景音乐，很可能会引起纠纷，使自己和他人都蒙受损失。

▶ 4.3.3 剪辑加工：让短视频更优质的秘诀

剪辑可谓是赋予短视频第二次生命的一个过程。在这个过程中，创作者往往会有自己想法和见解。这就意味着，最后的成品会突出哪些方面完全由创作者决定。因此，创作者必须对短视频想要展现的重点有一定的了解。

一条短视频的重点往往可以分为两方面，一是脚本想要表达什么；二是想让观看的人看到什么。其中，脚本的重点是整条短视频中最本质的内容，所有的镜头最终都是为这个重点服务的。通常情况下，脚本的重点会在短视频正式拍摄之前就确定下来，而这个重点是否能被人们感受到，就要由"想让观看的人看到什么"这方面来决定了。

"让观看的人看到什么"是短视频的外部表现，剪辑会对这方面产生非常重要的影响，因为从本质上讲，剪辑就是重塑整条短视频的过程。在拍摄时，每个镜头的转换、每个场景的凸显都会给人们留下相当深刻的印象，从而帮助人们理解短视频的内涵。在剪辑时，成熟的剪辑手法可以把短视频想要讲述的内容体现出来。

总的来说，短视频剪辑一定要突出重点，这样才有利于优化人们的观感，提高短视频的质量。此外，如果剪辑工作做得好，即使拍摄出现了问题，最后的成品也不会太差，毕竟观众看的是作品呈现出来的整体效果。

4.4 短视频制作注意事项

要想制作出效果好的短视频，除了按步骤制作，创作者还需要注意使用一些小技巧。这些技巧可以帮助创作者打磨细节，弥补拍摄素材的不足，使短视频的整体效果更好。

▶ 4.4.1 镜头的运动和转换要顺畅自然

短视频最终会呈现出何种效果，除了与拍摄设备息息相关，还与镜头的运动有密切联系。要想拍摄一条深受人们喜爱的短视频，镜头的运动一定要顺畅自然，这是一名创作者在剪辑过程中必须掌握的基本技巧。

另外，在拍摄视频时，镜头的运用应该符合逻辑，遵循事物发展的客观规律。通常情况下，根据生活经验，每个人都会在心里建立自己的逻辑，这一逻辑会在观看视频时发挥作用，促使人们对视频的逻辑进行严格的判断。

要想让自己创作的短视频获得人们的认可，创作者就要按照匹配原则来完成镜头的运动和运用。所谓匹配原则就是指，镜头中的人物和环境要统一，以保证人们的观看体验。另外，为了防止人们产生出戏的感觉，拍摄环境时应该保持空间上的一致。最后非常重要的一点是，镜头与人物的视线也应该匹配，这样才可以给人们营造一种身临其境的氛围。

绝大多数短视频的时长都非常短，如果其中再有几秒卡顿或白屏的话，那就会对整体的效果产生不良影响。

以某短视频平台上的一条滑雪的短视频为例，在这条短视频中，前6秒一直在平铺直叙，没有太多亮点，到了第7秒和第8秒眼看就要出现转折了，却突然出现了卡顿，导致人们的期待瞬间消失全无，极大地影响了短视频的质量。

通常来说，要想让镜头的运动更加顺畅自然，需要摄影师与剪辑师的密切合作，共同努力。在这个过程中，虽然也可以采用一些手法来起到强化剧情的作用，但总体上还是要符合相应的原则和逻辑，保证极致的观看体验。

▶ 4.4.2 正确使用转场特效

现在，很多短视频都采取了分段拍摄的方法，即先拍摄一段视频，暂停之后再拍摄下一段，最后将几段视频组合在一起形成一个完整的视频。这听起来也许并不是很难操作，但事实并非如此，因为如果转场做不好的话，那短视频就相当于拍摄失败了。

那么，创作者应该如何把转场做好呢？首先要注意的就是把握参照物的不变性和动作的连贯性。根据这两点，转场可以被分成两种类型，分别是静态转场和动态转场。

1. 静态转场：参照物的不变性

相对于动态转场，静态转场要更容易操作一些。以秒换服装的短视频为例，如果想让短视频达到最好的效果，那就必须保证除了服装，其余的东西都不能发生任何改变，甚至包括人物的动作、表情、妆容、首饰等细节。同样，如果是秒换背景类的短视频，那就只能对短视频中的背景进行改变。

2. 动态转场：动作的连贯性

连贯性指的是，上一个场景中的动作要无缝衔接到下一个场景。例如，在第一个场景中，主人公正在做起立的动作，动作做到一半就转场了，那么第二个场景必须从刚刚做到一半的地方继续完成起立的动作。一般来说，动态转场的方式一共有3种，如图4-5所示。

如何打造出高点击率的优质视频 第 4 章

人物不动，设备拍摄的方向连贯

设备不动，人物的动作连贯

人物和设备都动，前后连贯

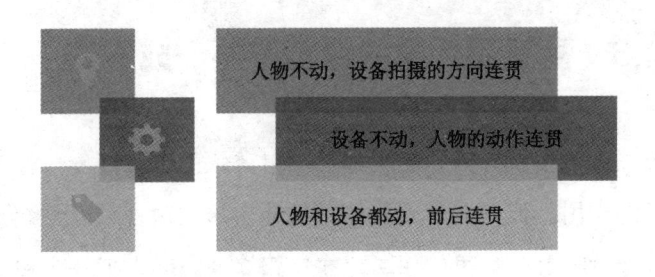

图 4-5 动态转场的方式

（1）人物不动，设备拍摄的方向连贯。简单来说，设备拍摄的方向连贯就是指如果前一个场景用左手把设备从中间平移到左边，那下一个场景就要用右手把设备从右边平移回中间。这样的话，拍摄出来的最终效果就像镜头绕了一圈一样。

（2）设备不动，人物的动作连贯。如果用手机拍摄短视频，前一个场景是伸出手把摄像头盖住，那下一个场景就要用相同的姿势把手从摄像头上收回去。创作者可以换其他服装和妆容，甚至还可以找其他人来拍摄。

除此之外，创作者还可以在前一个场景中把手伸向摄像头，然后切换成后置摄像头拍摄下一个场景，并在下一个场景刚开始时继续把手伸出去。按照这样的方法拍摄短视频，最终呈现出来的效果就好像创作者用手把手机屏幕打穿了一样。当然，为了充分保证短视频的质量和可看性，最好只改变那些必须改变的东西，其余的东西则要尽量保持原来的状态。

（3）人物和设备都动，前后连贯。如果是团队拍摄，那就可以尝试更深层次的拍摄方式，即人物和设备都动，前后连贯。举一个比较简单的例子，主人公的头向右边转，设备也随着主人公的视线向右边转，然后暂停，换成其他人、其他场景，同样让设备从左向右转，最终达到后一帧推走前一帧的完美效果。

如果想进一步了解这些动态转场方式，创作者可以结合那些优秀的真实案例进行模仿和练习。而且，在真正的拍摄过程中，创作者可以在上述技巧的基础上不断创新，用自己的发散思维打造出更多酷炫、有效的玩法。

4.4.3 片头和片尾的包装不要一成不变

在任何一段视频中，开头和结尾都是不可替代的重要部分，可以起到烘托气氛、凸显高潮的作用。但是，对于整体时长非常短的短视频，分给开头和结尾的时间很短。这就意味着，如果创作者想在这极短的时间内把开头和结尾的重要意义表现出来，就必须掌握相应的技术，积累足够的经验。

开头是整条短视频的起点，应该直接展示主题，让人们迅速进入创作者设定好的场景中。与此同时，还要选择节奏与主题相契合的背景音乐，以便把气氛烘托到最高点，充分激发出人们的感情。如果有条件的话，也可以对短视频中的主角和大环境进行一个简单的介绍，让人们有一个大致的了解，从而使人们的观感更加顺畅。

结尾虽然位于短视频的最后，但是也具有非常重要的作用。从理论上来讲，一个优秀的结尾不仅可以总结前面的内容，还可以渲染气氛、升华主题，让短视频有始有终、前后呼应。一个优秀的结尾可以充分调动人们的注意力，并使其对短视频的内容产生更加深入的思考，甚至在短视频播放完毕，还会不断回味，产生新一轮的思考。

对时长较长的视频来说，开头和结尾可以前后呼应，但是对时长极短的短视频来说，开头和结尾必须体现变化，展示强烈的戏剧冲突，只有这样才能让短视频更加有吸引力，进而提升人们的观看兴趣。

这里以转折为例分析某条短视频在开头和结尾的变化。该短视频展示的是滑雪者滑雪的片段，视频中的滑雪者身姿飘逸、潇洒不凡，背景音乐也是最常用的一段："高手！高手！这是高手……"目的是表现出滑雪者高超的滑雪技术。

但是，这一画面只持续了7秒，7秒过后，画面骤停，背景音乐也戛然而止，停顿了大概4秒，就在观看的人都不知所以的时候，下一组画面突然出现。

原来飘逸的滑雪画面背后竟然另有玄机，那一个个跃起的动作只是摆拍而已。视频中的滑雪者一遍又一遍地原地起跳，站在画面外的两个人不停地朝画面中扔雪，拍摄者趴在地上拍摄，这样的结尾不禁让人忍俊不禁，被短视频的"笑果"折服，纷纷在评论区大呼"有趣！有趣！"并默默地点赞和关注该短视频账号。如此一来，创作者的目的自然就实现了。

在这条短视频中，开头和结尾截然相反，形成了强烈的反差，为短视频增色不少，也让短视频的整体结构变得更加饱满，同时又赢得了人们的支持和喜爱，可谓"效果"和"笑果"双丰收。

对任何一条短视频而言，开头和结尾都非常重要，甚至可以这样说，开头和结尾的安排是否恰当，在很大程度上决定了短视频的质量。因此，在拍摄短视频之前，把开头和结尾的内容构思好是一件非常必要且重要的事情。

第 5 章

从零开始，建立种子流量池

如何从零开始运营短视频账号？最关键的是找到种子用户，然后以这些用户为基础，拓展流量，提高账号的影响力。

5.1 找到种子用户

种子用户一般是指短视频账号运营初期的用户（也称粉丝），他们容错率高，对短视频账号内容的黏度高。有了这些用户，短视频账号就可以维持基本的运营了。

▶ 5.1.1 1000 个铁杆粉丝理论

在短视频行业，有"1000 个铁杆粉丝可以养活 1 个手艺人"的说法，可见粉丝经济的重要性，这也说明即便是拥有一定技能和才艺的短视频"达人"也需要注重对粉丝的维护。短视频平台美拍聚集了大量爱美的年轻女性，而美妆达人也成为美拍上最有吸引力的"手艺人"。

某美妆达人凭借独具个性的美妆教程，在美拍上吸粉无数，一条视频就能够收获数千万点赞，赢得百万名粉丝的关注。

该美妆达人最初选择美拍作为美妆教程的播放平台，就是看中了美拍用户多为爱美的女性，对美妆和护肤有相当大的需求，并且具备一定的消费能力。因此，这位美妆达人就借助美拍的美颜滤镜和自己精湛的化妆技术为目标用户精心讲解化妆技巧。

例如，她的一条"中性妆"教学视频受到了广大女性用户的喜爱。这条视频的长度只有 1 分 22 秒，却在较短的时间内详细讲解了眉毛、眼影和眼线的画法，另外对于如何画鼻影和唇形也进行了分步讲解。虽然该视频使用了快放模式，但并不影响用户学习，反而可以节省时间，也可反复观看。

除此之外，这位美妆达人还参加了美拍举办的以"蝴蝶妆"为话题的美妆比赛，并凭借精湛的化妆技术和唯美的创意吸引了众人关注。其蓝色梦幻蝴蝶妆的参赛作品获得了 122 万人次的播放量和 2.3 万个点赞，荣登"蝴蝶妆"美妆比赛第一名。

其实，这位美妆达人并不是一名专业化妆师，而是通过一步步的摸索，将创意融入每款妆容，受到了广大爱美女性喜爱。她开朗幽默的个性也为其圈粉不少。在粉丝的日常维护上，她经常在美拍和微博上设置互动话题，并且不定期举行抽奖活动。除此之外，她还开设了自己的淘宝店，通过电商引流的方式实现了内容变现。

▶ 5.1.2 确定核心用户

一般来说，当创作者把视频公之于众之后，就会在第一时间收到各种各样的反馈。很有意思的一点是，这些反馈的偏向是什么，短视频营销的呈现效果就是什么。当然，这也从一个侧面反映出，不同的短视频和反馈会吸引特定类型的粉丝。各大短视频平台的粉丝大致可分为 5 种类型，如图 5-1 所示。

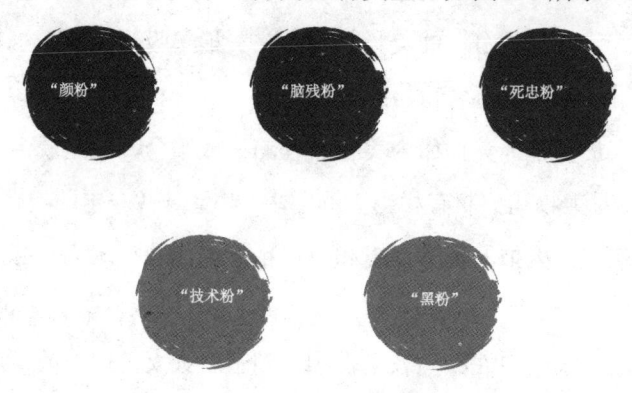

图 5-1 粉丝的 5 种类型

1. "颜粉"

顾名思义，"颜粉"就是被博主颜值所吸引的粉丝。有些颜值比较高的短视频博主，他们随便拍摄一条唱歌或跳舞的短视频，就可以获得大批粉丝的关注。

2. "脑残粉"

"脑残粉"是指缺乏理智、不会独立思考的一类粉丝，他们对某个偶像或某种事物的关注会非常狂热，根本不容许他人谈论自己所崇拜的偶像或事物，而且会誓死捍卫自己追捧的东西。

3. "死忠粉"

这种类型的粉丝与"脑残粉"有点类似，同样对所崇拜的偶像或事物"忠心耿耿"，但他们与"脑残粉"又有着本质上的不同，那就是他们非常理智，不会极端、盲目地去做一些十分出格的行为。

4. "技术粉"

"技术粉"常常聚集在一些技术类短视频账号下，他们会被在某方面具备特殊技术的达人所吸引。这种类型的粉丝十分喜爱达人表演的技术，双方会有比较正常、理性、深度的互动关系。

5. "黑粉"

顾名思义,"黑粉"就是以攻击、抹黑别人为存在意义的粉丝,从严格意义上来讲,这种类型的粉丝并不能被称为粉丝。

能够吸引哪种类型的粉丝,完全取决于短视频账号的定位和经营方向。此外,无论是哪种类型的粉丝,都有好有坏,甚至会对短视频账号的运营和营销产生一定的作用,因此创作者要对粉丝群体善加引导,尽量吸引与自己的短视频账号定位相符的核心用户。

▶ 5.1.3 为核心用户建立画像

在吸粉的过程中,要想保证粉丝的黏性和精准度,就要为其建立画像。那么,什么是粉丝画像呢?其实就是将一系列真实有效的数据抽象虚拟成一些粉丝模型,然后对这些粉丝模型进行分析,找出其中共通的典型特征,再细化成不同的类型。

把粉丝画像建立好以后,创作者就可以充分了解粉丝的需求,并在此基础上进行内容的输出和营销策略的制定。既然要建立粉丝画像,那么创作者首先要知道粉丝画像都包含哪些元素。粉丝画像的元素主要有 6 个,如图 5-2 所示。

图 5-2 粉丝画像的 6 个元素

短视频：新时代红利重构

1. 性别

无论时代怎样发展和变化，男女观念都存在一定的差异，这是基因使然。因此，在吸粉的过程中，创作者要注意粉丝性别带来的不同。

例如，在视觉色彩上，男性更喜欢冷色，女性更喜欢暖色，也就是说，如果一个短视频账号的粉丝以女性居多，那就应该把视频色彩定位为暖色调。在内容上，女性更喜欢星座、八卦、美妆等内容，而男性相对来说更喜欢军事、科技、游戏等内容，这就为创作者的策划方向提供了指引。

2. 地域

在互联网时代，任何一个错误一经网络传播，都会被无限放大。因此，短视频内容必须规避地域歧视，也必须尊重不同地域的特殊习惯。此外，在地域的所有属性中，城市属性最为关键，一二线城市的粉丝经济条件相对较好，观念也更加开放，更容易接受新鲜的事物和理念，也更愿意为有附加值的虚拟服务付费；三四线城市的粉丝则相对保守一些，对新东西的接受能力不强，更喜欢实际的优惠，如一些发放奖品的小活动、抢红包大战等。

3. 年龄

从理论上讲，短视频营销是适应互联网圈层化发展的一个结果，而年龄则是最基本的圈层划分标准。换言之，代沟是天然的圈层，不同年龄的粉丝所关心的重点往往大相径庭，正所谓"70后刷鸡汤，80后刷职场，90后刷互联网，00后刷二次元"，所以创作者输出的内容也要迎合目标粉丝的喜好。

4. 受教育程度

一般来说，受教育程度越高的粉丝消费能力就越强，但与此同时，他们对内容的要求也会更高。对广大短视频创作者来说，这既是机遇，又是挑战。

5. 收入

"经济基础决定上层建筑。"这句话很有道理。不妨试想一下，一个短视频账号输出了很多高质量的内容，但它能让一个月薪3000元左右的粉丝去购买一个价格几万元的产品吗？肯定很难。因此，在营销过程中，创作者要根据粉丝的收入来制定相关策略，如果粉丝最喜欢的是"九块九包邮"，那就没有必要向他们推销拉菲。

6. 行业特征

粉丝的行业特征应该从两个层面加以关注，一是行业在他们身上烙下的痕迹、生活习惯，以及思维方式；二是他们所喜欢的行业具有什么特征。这两个层面不仅体现出了粉丝不同的观念和处事方法，更蕴藏了一系列具有价值的信息。

通过上述 6 个元素，创作者可以为粉丝建立起画像，然后根据这个画像展开相关工作，如内容策划、视频拍摄、产品选取等。这不仅有利于增加粉丝数量，还可以进一步提升粉丝的精准度，推动短视频账号的发展。

▶ 5.1.4 发掘潜在用户

很多时候，与粉丝同在的还有潜在粉丝，如果创作者可以把潜在粉丝全部挖掘出来的话，就会让吸粉效果有一个全新的提升。一个比较简单的做法是在评论区"安插"粉丝，通过让粉丝评论带有引导性的话语来吸引潜在粉丝。除此之外，创作者还可以学习一些别的小技巧，如图 5-3 所示。

- 创建诙谐有趣的句式
- 采取树洞告白的方式
- 大开脑洞，引起关注
- 让粉丝挖掘潜在粉丝

图 5-3 挖掘潜在粉丝的小技巧

短视频：新时代红利重构

1. 创建诙谐有趣的句式

有些短视频中经常会出现各种"金句"，如"别人家的某某某从来没让我失望过""你的……很听话，我的……却有自己的想法""这是让我心动的第199个小哥哥（小姐姐）"等。这些句式不仅很有吸引力，而且带有一定的幽默感。

一般情况下，在看到比较感兴趣的短视频之后，人们会想评论一番，但很多时候又不知该如何评论。这个时候，创作者就可以创建一些诙谐有趣的句式引导粉丝发起评论，一旦有粉丝开了头，潜在粉丝就有了模仿的对象，于是便会随之进行评论。当评论达到一定的数量，潜在粉丝就会逐渐变成真的粉丝。

2. 采取树洞告白的方式

树洞告白的方式比较简单，就是在评论区引导粉丝把自己平时不敢说的话说出来。

例如，"讲一个让你感觉十分后悔的事情好吗？不用担心，反正这里也没人认识你"。如此一来，创作者就可以收集大量的真心话，然后在此基础上筛选出潜在粉丝。

3. 大开脑洞，引起关注

在"评论区"这块神奇的大陆上，从来不缺乏清奇独特的脑洞和热爱表演的"戏精"，缺乏的只是使其留下评论的"引子"。因此，只要有人开辟先河，用脑洞来吸引脑洞，那么即使是一条非常普通的短视频，也可以打造出一个热闹非凡的评论区，从而让那些平时根本不活跃的潜在粉丝产生评论的热情和积极性。

4. 让粉丝挖掘潜在粉丝

让粉丝挖掘潜在粉丝其实就是鼓励粉丝对视频进行点赞、评论、转发，以达到广泛传播的效果。这样的话，创作者的短视频就可以被更多人看到，那些对短视频感兴趣的潜在粉丝自然会寻找短视频的创作者，从而成为真正的粉丝。

实际上，挖掘潜在粉丝就是引导潜在粉丝进行评论，与短视频账号形成深度互动。作为一名营销者，只要理解"视频社交"中"社交"的真正含义，就可以利用好评论区，并借助"评论社交"的中心思想实现吸粉效果的最大化。

5.2 增强自身的传播力

除了有意识地吸粉，创作者还可以通过提高自身的传播力和话题讨论度的方法来让用户主动关注。比起自己一个一个拉人关注，这种方法更有效率。

▶ 5.2.1 让自身成为话题中心

对短视频账号来说，提升话题讨论度也是一个非常关键的环节，这个环节的主要目的是通过将话题"人格化"来聚集目标群体和提升粉丝黏性。至于应该如何创建话题，最重要的是形成与众不同、个性鲜明的风格。

快手上的某个短视频账号凭借各种出乎意料的奇葩手工作品吸引了近300万名粉丝。其运营者也受到了很多人的喜爱。

这位运营者虽然集脑洞和才华于一身，但他做出来的100多件东西"没有一件是有用的"，所以人们经常在他短视频下评论："除了不干正事，其他都干。""真怕他哪一天发明出真正有用的东西。"

正是凭借这种"坚决不发明有用东西"的人设，该运营者让自己成为时下的热点话题，他的快手账号也独树一帜，获得了大量粉丝的支持和喜爱。他发明的"脑瓜嘣辅助器""菜刀梳子""血滴子夜壶""铁飞机""菜刀手机壳"等物美价廉的东西已经被他的粉丝频频点名，纷纷要求预定。

其实创建话题与定位非常相似，都要从差异化、个性化着手。因此，创作者必须对短视频平台的大环境和自身的优势进行深入分析，在此基础上找到适合自己的风格并一直延续下去。如此一来，创作者既可以聚集粉丝，提升粉丝黏性，还可以通过内容的沉淀影响，打造出一个属于自己的粉丝流量池。

5.2.2 借助网络红人，传递影响力

随着粉丝经济的不断发展，"网络红人"的影响力变得越来越大，他们拥有一大批粉丝，自己的行为举止会受到粉丝的热切关注。在这种情况下，如果创作者可以借助网络红人这一"东风"来吸引粉丝，势必会取得不可估量的效果。

对短视频账号的创作者来说，互动是一项必不可少的尝试，但这里所说的互动不只是指与粉丝之间的互动，还指与网络红人之间的互动。例如，可以在网络红人的短视频下写评论，在收获粉丝的同时还有机会与网络红人建立联系。

如今，很多短视频账号每天都会活跃在各个网络红人的评论区，希望与网络红人进行深度互动。从效果上看，这样的做法不仅可以进一步提高粉丝的"眼熟度"，还有利于提高短视频账号在粉丝心中的地位。而且，当评论达到了一定的次数和频率，粉丝还会以打油诗的方式进行调侃，如"春眠不觉晓，××到处跑"等。

由此可见，创作者经常去网络红人的短视频下写评论可以给粉丝留下更加深刻的印象，时间长了，粉丝就会觉得创作者非常活跃，从而主动关注其短视频账号。另外，评论次数多也就意味着被顶到评论区第一、第二名的概率大，更容易被网络红人看到。事实也证明，当网络红人经常看到某个短视频账号的评论时，就会与该短视频账号进行互粉，从而为短视频账号积累人脉资源。

总而言之，从网络红人那里收获粉丝是非常有效的运营手段，可以对创作者的未来发展产生深刻影响。不过需要注意的是，从网络红人那里收获粉丝的方式并不是只有写评论这一种，创作者也可以转发网络红人的短视频，或者直接与对方合拍短视频。

5.2.3 活动造势，吸引眼球

有经验的运营者应该知道，很多短视频平台经常会发起一些活动，这些活动

是宣传和推广短视频账号的绝佳途径，所以创作者必须积极参与。快手曾发起了一个名为"我的美好生活"的活动，引发了广大媒体和快手上各短视频账号运营者的关注。不仅如此，首都互联网协会党委也在其官方微信公众号上发布了一篇文章——《快手记录"我的美好生活"——十九大普通百姓的"我在"》，对该活动进行了深入的分析和点评，大致内容如下：

"快手积极响应网信办倡议，贯彻落实十九大会议精神，发挥平台特色……全国各地用户纷纷用短视频表达了自己对'美好生活'的理解，展现新时代创造幸福生活的美好愿景，感受更多的幸福感与获得感。"

据相关数据显示，"我的美好生活"活动吸引了近34 000万名快手用户的参与，产生的视频达到4 000多个。这些快手用户来自全国各地，他们用快手记录并分享生活中的点点滴滴，鼓舞着更多人珍惜当下这来之不易的幸福和美好。

某拥有大量粉丝的短视频账号，其运营者是一个普普通通的农民工，非常喜欢在下班以后跳舞给工友看。他通过自己的努力学会了鬼步舞、机械舞、太空步等舞种，凭借着对舞蹈的热爱和坚持不懈的精神获得了成千上万个点赞。

在参与了"我的美好生活"活动之后，该短视频账号的粉丝数量大大增加，很多粉丝都受到这名农民工精神的感染，开始把自己丢掉多年的兴趣重新捡起来，大胆迈出了追求梦想的重要一步。

除了这个短视频账号，还有很多比较火爆的短视频账号也参与了"我的美好生活"活动，创作者们通过展示平凡的快乐和幸福，收获了一大批粉丝的支持和喜爱，使自己的曝光度得到了大幅度增加。

像"我的美好生活"这种接地气、国民度高的活动，非常适合想要吸引更多粉丝的短视频账号参与。一方面，可以获得极为广泛的关注，使自己被更多人了解和熟知；另一方面，可以与人们进行深度互动，建立更加紧密的联系。

第 6 章

光速吸粉，养成"超级大 V"

找到种子用户后，短视频账号就有了一定的关注度。创作者接下来就需要扩大粉丝数量，突破现有圈层，从而让自己的短视频账号带动更多的流量。

6.1 打造"网红"人设

人设是打造短视频账号特色的关键一环，一个好的人设可以给观众留下深刻的印象。那么，如何才能打造好人设呢？具体可以使用创建话术、建立信任、打造特色 IP 等方法。

▶ 6.1.1 创建属于自己的话术

个性化语言是很多"爆款"短视频账号的一个突出特点，可以让其与其他短视频账号区别开来，给粉丝留下深刻的印象。例如，某博主喜欢用"糯叽叽"来形容自己吃的食物，这就形成了她的个性化语言。可见，在创作内容时，创作者要打造一些有代表性的个性化语言，以此来扩大自己的影响力，加强粉丝的记忆。

当然，许多博主都有属于自己的个性化语言。例如，某博主经常在短视频中称自己为一个"集才华和美貌于一身的女子"，这句话在她的每条短视频中都会出现，散发着极为典型的互联网气息。仔细品味，这句话还混杂着自嗨、自嘲，并带有一丝骄傲的自我肯定。单从效果上讲，这种总结式的诱导非常不错，可以让粉丝在一种非常自然的情绪引导下完成角色的过渡，要比直接说教更容易让粉丝接受。

从这位博主的短视频中不难看出，她深谙语言的艺术，有自己的语言风格和特色。在打造个性化语言的过程中，她综合运用了口语等技巧，实现了三分钟内引起粉丝兴趣的效果。但要想创作出这样的精品，必须经过千锤百炼，并精通剪辑的技巧。

在实际运用中，这位博主更加偏爱短句、陈述句、缩写句、简单词，还经常融入发音变化、拼写倒置等现代新型表达手法。这不仅可以形成语言特色，还可以为粉丝营造一种耳目一新、清新自然的感觉。

个性化指的是区别于大众化的东西，用另类、特别的东西吸引他人的注意，也可以说是标新立异、别开生面，追求的是独具一格和与众不同。简而言之，个性化就是与别人不一样。确实，在众多千篇一律的短视频中，总要有些个性才有机会让自己脱颖而出，这就需要创作者尽快打造出属于自己的个性化语言，做到标新立异。

▶ 6.1.2 在粉丝中建立信任

信任是一种情感与价值认同的心理状态，可以让对方产生某种特定的行为。信任也是社交关系的底层逻辑，通常被分为强和弱两个等级。粉丝既然会关注创作者，那就意味着他们对创作者有一定程度的信任，但是如果创作者只输出短视频，而没有任何其他举动，就无法让粉丝产生更大的信任。

从理论上来说，产生信任的基础是利他因素，即别人能从你这里得到价值。

那么，创作者应该如何在粉丝中建立信任呢？具体可以从 3 个方面着手，如图 6-1 所示。

用实力证明　　　　加强沟通，与粉丝做朋友　　　　设置有感染的话术

图 6-1　在粉丝中建立信任的方法

1. 用实力证明

用实力证明无外乎两点：有趣、有料。只要短视频"有料"，就可以迅速吸引粉丝，获得粉丝的支持；只要视频有趣，粉丝就会心甘情愿地去推广和宣传。

2. 加强沟通，与粉丝做朋友

要想和粉丝成为朋友，通常需要花费较多的时间和精力，不过一旦成功，好处就会奔涌而来。这里需要注意的是，不是所有的粉丝都适合成为朋友，创作者应该选择经常评论、表现非常活跃的那部分粉丝做朋友。

3. 设置有感染力的话术

无论是评论区，还是标题、文案，都少不了话术的陪衬。如果话术有足够的感染力，同样可以让粉丝产生信任。创作者需要做的是，深入挖掘粉丝的需求和痛点，在此基础上设置话术。简单来说，就是让自己站在粉丝的立场去设置话术，因为如果连创作者自己都无法被话术打动，那就更加无法打动粉丝了。

另外，在粉丝中建立信任还需要得到粉丝的认同，因为认同是信任的必备要素。只有在相互认同的基础上形成的信任才会是最坚固的，才会让粉丝按照创作者的期望产生行动。可以说，创作者在粉丝间成功建立信任以后，不仅有利于增强粉丝的黏性，也有利于优化自己的形象定位。

▶ 6.1.3 打造独具特色的 IP

如今，IP 已经成为营销领域的一个流行词汇，这里所说的 IP 是英文 Internet Protocol 的缩写，主要指知识产权，现在其含义已经被扩展为一切拥有知名度、具备市场价值的东西。如果创作者借助与 IP 相关的一些内容来丰富自己的短视频账号，就会使吸粉效果得到大幅度的提升。例如，一些短视频账号专门创作一些融入了迪士尼、熊本熊、小黄人等超级 IP 的短视频，并因此获得了大量的关注，热度也不断上升。

当然，借助已有的 IP 有一定风险，最保险的做法还是把自己打造成一个独具特色的 IP。打造出这样一个 IP 后，吸引粉丝的就不再是简单的视频，而是某个人或某个有生命力的形象。可以说，当创作者把价值转化到人或形象上以后，不仅能够吸引大量的粉丝，还不用再担心同类视频会对自己形成威胁。

如果创作者将自己的短视频账号打造成了一个 IP，就相当于具备了不可替代性，自然可以吸引一大批追随者。而要想实现这一目标，创作者首先应该做的就是打造独特性，因为人们只有在得到一些与众不同的东西或感受时，才会产生真正的认同。

另外，需要注意的是，在打造 IP 的过程中，创作者必须保证所有的短视频内容都是原创的，毕竟抄袭的东西永远都不会真正属于自己，只有原创才是让短视频账号保持生命力的不二法门。当然，这个过程会非常艰难，但坚持很重要，只有不断付出努力，才能取得最终的成功，获得粉丝的喜爱。

举个例子，经过多年的发展，"同道大叔"俨然已经成为一个小有名气的 IP，树立起了独具特色的星座文化品牌。

"同道大叔"首席运营顾问范荪认为（关键意见领袖）很大程度上依赖个人，其生命周期和延展性都极为有限，而 IP 能很好地解决这两个问题。""同道大叔"要想获得长远的发展，就要实现向 IP 的转变。

但不得不说，对"同道大叔"而言，如何实现这个转变是一个棘手的问题，为了解决这个问题,"同道大叔"团队采取了两项措施,具体如下。

1. 将十二星座形象化

最初,只有"同道大叔"是一个小白人的形象,十二星座并不具象,为了打造一个独特的星座 IP,"同道大叔"发挥绘画方面的优势,为每个星座都设计了属于自己的形象,赋予了它们生命,如图 6-2 所示。

图 6-2 "同道大叔"设计的十二星座形象

2. 与作者分离

以前,提到"同道大叔",人们会不由自主地想到其运营者,这样对打造 IP 是不利的。必须先把运营者与"同道大叔"分离开来,让人们牢牢记住"同道大叔"的大脑袋头套形象。之所以这样做,一方面是因为运营者不是一个 IP,而"同道大叔"是一个 IP;另一方面是因为将运营者与"同道大叔"分离开来,可以让运营者把更多的时间和精力投入到管理及其他创作活动中,如打造第二个"同道大叔"IP 形象。

通过上述两项措施,"同道大叔"在向 IP 转变方面已经小有建树。此外,为了使更好地实现商业化,"同道大叔"确定了下一步的动作,那就是向品牌方向进化。具体来说,"同道大叔"推出了自己的品牌,并与其他行业的优秀团队合作,朝着出版、影视等方面不断发展。

在出版方面,"同道大叔"出版了《千万不要认识摩羯座》《有我在,没人敢动你一根寒毛》等书籍,并计划为每个星座都量身打造一本刊物。在影视方面,

"同道大叔"出品了话剧《同道大叔吐槽十二星座》和网剧《超能星学院》。

如今,"同道大叔"经过 IP 和商业化的转变,在短视频平台上发展得风生水起,获得的各种收益也十分丰厚,整个"同道文化"的估值甚至超过 3 亿元。不仅如此,该团队还在继续开发新项目、研发新产品,未来的发展前景将更加可观。

由"同道大叔"的例子可知,打造 IP 不能只局限于一个平台,而应该大范围铺设,形成一个立体的网络,之后再高调入驻某一平台,这样会取得更好的效果,吸引的粉丝也会更加精准。

另外,在打造 IP 的过程中,时机也非常重要。因为现在各大短视频平台充斥着各种各样的短视频账号,但火起来的只是凤毛麟角。机会稍纵即逝,如果创作者没能把握好机会,要想打造一个好的 IP,可能要等待很长时间,这是一种非常大的损失。

当一条短视频在粉丝中引起很大的反响时,创作者应该立刻对其进行研究,找出该短视频最受粉丝欢迎的关键点,然后从这个角度出发打造 IP。除此之外,创作者还要不断刷存在感,在各个平台上进行宣传推广,争取把粉丝都吸引过来,并进一步加深与粉丝之间的联系。如此一来,创作者便可以让 IP 发挥真正的作用,大大推动短视频账号未来的发展。

6.2 小互动,大效果

在短视频账号的日常运营中,互动能起到意想不到的作用。有时一个小小的回馈粉丝的举动,就可能给短视频账号带来很高的热度。

▶ 6.2.1 与用户互粉互赞

在人人都是自媒体的时代,人人都为自己代言。在这一背景下,一个很现实的问题就是,"粉丝今天是你的,明天就可能是别人的"。

短视频：新时代红利重构

有特长是运营短视频账号的基础，但随着人们生活水平的提高，很多人从小就培养了各种各样的特长，导致如今的特长已经变得很"平常"。例如，过去会跳舞的人很少，人们会崇拜那些舞蹈家。但如今跳舞已经成为一种较为普遍的才艺，打开抖音就能看到各种风格的舞蹈。因此，在这种资源泛滥的时代，要想通过自身的才艺来吸引用户是很难做到的，因为市场在改变，一切资源都在推动着"用户为王"时代的到来，创作者要想成功吸引用户，就要抢占用户的心智。

如何抢占用户的心智？是把自己塑造成遗世独立还是高不可攀的形象？

这些都是资源匮乏时代的市场游戏。明星、奢侈品牌，都是通过打造高高在上的品牌符号来吸引用户。但如今的市场显然不允许他们这样做了。以明星为例，如今很多明星都要和各种直播达人、选秀新人争抢流量，因为后两股力量极大地冲击了他们的地位。因此，他们不得不转型做真人综艺、上热搜、直播互动，这些接地气的玩法都在回应着"用户为王"时代的到来。

因此，把自己塑造成高不可攀的形象不再有吸引力，反而会被人们逐渐淡忘。只有做到亲切、真诚，才能成功抢占用户的心智。

对短视频创作者来说，更要通过打造亲和力和正能量来感染用户，通过对等的支持来回应对方，通过真诚的交友方式获得更多人的喜爱和关注。

那么，如何与用户建立真诚友好的关系呢？创作者可以从相互关注开始。

例如，创作者只需在界面中点击"关注"按钮即可成功关注抖音用户，同时对他人优秀的短视频内容也可以点赞。在关注了用户之后，创作者还要时常与用户互动交流，加深对方对自己的印象，促使其成为自己的粉丝。

这是短视频账号在营销前期的一个比较稳妥的涨粉方式，但在互粉的过程中，也需要考虑互粉的门槛，那就是对方应该是活跃度较高的用户，如果互粉一位用户，对方的活跃度却很低，这种互粉就失去了价值。

互粉互赞其实也算互动的一种，加强互动，可以实现联动带粉，让互动双方都能获得流量的增长，如果创作者和对方都具备一定数量的粉丝，那么这种互动的效果将更加明显。

除了与用户互粉互赞，创作者还要保证短视频内容的持续输出，只有具备好的内容，才能支撑短视频账号后续的发展。而互粉互赞只能算短视频账号前期发展的一个跳板。

▶ 6.2.2 不要小看"双击666"

"666"一词出自游戏《英雄联盟》，慢慢发展成为一种短视频文化。以快手为例，在短视频播放过程中，只要观看的人随便双击屏幕上的任何地方，短视频中右侧的心形就会变成红色。

"双击屏幕"意味着观看的人非常喜欢这条短视频。而对一条短视频来说，得到的"双击"越多，上热门的概率就越大，吸粉的效果也就越好。因此，很多短视频中都会出现"双击666""老铁点下关注"这样的引导性语言。

对刚刚入驻短视频平台的短视频账号来说，吸粉绝对是一件非常重要的事情。为了把这件事情做好，很多创作者会采取各种各样的手段，如吃一些奇怪的食物、用超大盆喝白酒等。虽然这些手段可吸引人们的眼球，但是很难形成气候，毕竟人们真正在意的还是短视频的质量和可看性。

当然，如果一条短视频质量足够高，可看性足够强，那在结尾处加上一句"双击666"也无可厚非，因为这会对人们的意识产生影响。试想，当你非常喜欢一条短视频的时候，突然看到一句"双击666"，那怎么能没有"双击"屏幕这个极为简单动作呢？

除了简单的"双击666"，创作者还可以加上一些前缀，如"拍摄很难，视频很棒，请大家'双击666'""如果大家觉得我很不错，给个'双击'吧"等。这样不仅可以引起人们的情感共鸣，还有利于把短视频推上热门，从而提升吸粉的效果。

6.2.3 回复评论是一门学问

互动对个人品牌的建立非常重要,与粉丝互动不仅可以拉近短视频创作者与粉丝之间的距离,还可以传递出创作者平易近人的真诚品质,增加粉丝黏性。最重要的是,有可能实现粉丝的自发传播效果,一旦粉丝开始自发传播,就能实现更大的推广效果,从而获得更大批量的粉丝。

某人气女博主以平和的回复和真诚的祝福使自己人气高涨,单条短视频的点赞量都保持在1万个以上。一位粉丝曾在这位女博主的一条短视频下评论道:"一直关注你那么久,基本上所有的视频都看过了,这次想出去走走,突然发现你们那里是最好的选择。"看,就连互不相识的网友都想旅游散心。这种亲和力不是一般人能做到的。打开这位女博主的短视频,你就会发现,她很在乎与粉丝之间的互动。

那么问题就来了,如何互动才是最好的交流方式呢?这个问题的答案因人而异,不同的品牌形象有不同的价值,创作者的一言一行都应该能强化这种价值。

对上面这位女博主而言,她在用户心目中的形象一直是"淳朴、阳光、善良、通透"的农村姑娘,这种优秀的品质能在她的短视频和字里行间流露出来,因此在她的内容回复中,也不乏正能量的引导和祝福。

例如,一位粉丝评论道:"为什么你可以那么安逸地待在老家?是因为我想要的太多了吗?"她回复道:"也许你看到的是安逸,其实所有人都在努力。"这条回复收到了5000多个点赞。这位女博主传递的正能量感染着喜爱她的所有人,她也用一己之力影响着无数粉丝,正是因为她质朴、真诚、正能量的语言,才形成了温暖的大阵营。

可话说回来,回复评论就只有这一种标准答案吗?显然不是。不同的个人品牌造就了不同的语言风格。例如,抖音上某位穿搭设计师的风格就与上面那位女博主完全不同。

该博主在抖音上分享自己的服装设计作品,在她发布的短视频中,有许多唯美的摆拍，她的高颜值和完美的气质为她带来了 967.6 万名粉丝，但这位出众的抖音"女神"的优势不仅是她的高颜值，还有她在回复中带有的邻家女孩的真诚和亲昵。

她在评论中时经常和粉丝们探讨星座、感情等内容，通过漫聊的方式向粉丝们展现了她个性中小女生的一面，她的真诚和真实也为品牌形象加分不少。

运营者个人形象的建立源于人设的成功凸显，但个人形象建立后，要想维护好与粉丝之间的关系，就需要以真诚、亲和的态度，通过积极的互动来完善品牌的人格，从而牢牢抓住粉丝的心。

那么，如何才能创造有意义的回复呢？创作者可以在短视频下方的文案中使用带话题的方式来提问。往往只要你制造出一个热点，设定好一个问题，就能吸引用户前来评论，与你互动。例如，使用"如果一个人夸你，你一般怎么回应""你有多久没见到你想见的人了"这类话题来吸引用户评论，从而创造一次良好的互动。

▶ 6.2.4 红包有极强的吸粉威力

支付宝和微信流行让几亿人养成了发红包的习惯，有时只要微信群里红包一出，所有人都摆脱潜水状态浮出了水面，红包成了沟通的最佳利器，各种软件也纷纷引入红包功能。作为带有社交属性的短视频平台也不例外，在红包占领了用户心智的新阶段，许多短视频平台也通过名人发红包的方式，为平台和个人带来了巨大的流量。

红包为什么有这么大的"魔力"呢？主要原因在于以下两点。

1. 利益输出

只要点击视频中的红包贴图就有机会获得发布者奖励的红包，这种奖励机制使给了用户极大的动力，从而延长浏览时长，还能吸引许多"慕名前来"的新用

短视频：新时代红利重构

户。通过红包升级战斗力，能使运营者轻松地在众人中脱颖而出，创造"第一面"的好印象，制造先入为主的心智争夺。

2. 点赞关注路子广

在领红包活动中，用户领红包的前提是先关注发红包者。这样在平台的推荐机制下，越是点赞、转发、评论量高的短视频，被广泛推荐的概率就越大。

在如图6-3和图6-4所示的运营者主页中，这位创作者的每条短视频点赞人数平均为5万人，但一条领红包的短视频就可以将点赞人数突破14万人，这种点赞效果能为他带来很大的推荐量，吸引更多的流量。

图6-3　发红包的视频截图　　　　图6-4　红包视频下的评论

既然发红包的功能可以帮助创作者实现一定的涨粉效果，那具体该怎么做呢？以抖音平台为例，大致分成以下几个步骤。

第一步，打开平台，在主页搜索话题"#别走，我要发红包了"，然后进入这个话题，就可以拍摄发红包的短视频，如图6-5所示。

第二步，拍摄时，视频左下角会出现红包贴纸的样式，如图6-6所示。选择其中一种并点击，就可以下载红包贴纸，如图6-7所示。创作者还可以在红包贴纸中编写祝福语，再次点击"发红包"，发红包视频就做好了。创作者在发红包时只要伸出手掌配合，就能将红包发给用户，如图6-8所示。

光速吸粉，养成"超级大V" 第6章

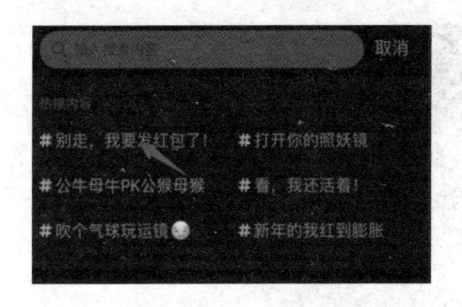

图6-5 发红包"搜索"话题

图6-6 红包贴纸

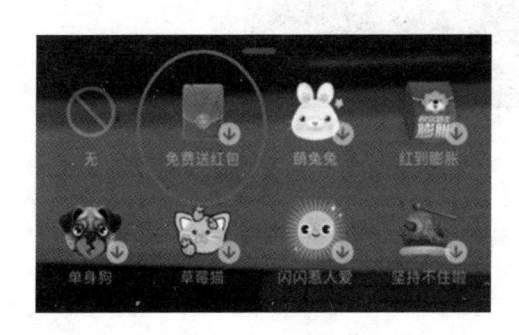

图6-7 下载红包贴纸

图6-8 发红包

以上就是抖音发布红包视频的过程，红包视频一旦发布，任何人看到这条视频，都可以领取红包，领取的人越多，短视频的曝光量就越大，自然就能达到吸粉的效果，特别是在节日的氛围中发红包，收获的效果会更好。

▶ 6.2.5 创造与用户交流的话题

让用户产生共鸣是吸粉的一大前提，制作短视频更是如此。让用户产生共鸣最好的方式就是让用户参与对某些话题（见图6-9）的讨论，在一些好的话题下与用户积极交流，从而创建一种伙伴关系。

079

短视频：新时代红利重构

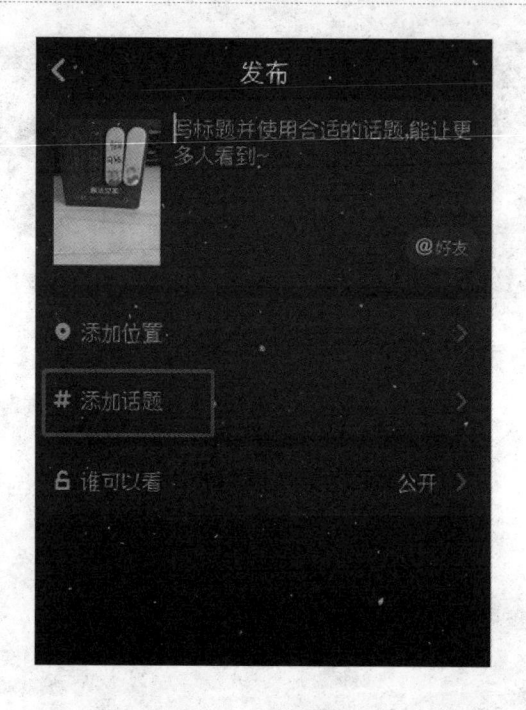

图 6-9 添加话题

在宣传过程中，粉丝们最讨厌的就是"官腔官调"的短视频，所以在与粉丝交流时，创作者要尽量表现得和善，这样能让人产生继续交流的意愿。其实，在建立话题时，创作者需要考虑的并不是自己想说什么，而是粉丝想要什么，以此为基础，创作出符合粉丝需求的内容，这样粉丝才愿意和创作者探讨这个话题，进而关注创作者。

创作者要多研究粉丝的疑惑，试着揣摩他们提问的原因，了解他们说话的趋向，制造出具有普适性的话题，以供大家讨论。有了话题以后，还要注意与粉丝交流时，要尊重粉丝的诉求，并且要十分真诚地与粉丝进行沟通。

创作还要注意不要怕麻烦，要有一颗责任心，不要为了涨粉而忽略了粉丝的真实诉求，对粉丝过于冷漠。有些创作者只知道涨粉，根本不会经营粉丝，不了解粉丝，不与粉丝进行交流，整日孤芳自赏，这样很难获得良性的粉丝关系。

因此，创作者要时常建立话题，时常与粉丝进行真诚的交流。这样粉丝才能感觉到这是一个有温度的账号，才愿意长期关注，也只有这样，创作者才能够长期留存粉丝。

6.3 引导用户主动参与

引导用户主动参与是一个事半功倍的吸粉办法，还可以刺激用户主动为短视频账号做宣传，达到现象级的传播效果。

▶ 6.3.1 用疑问句引导用户评论

除了与粉丝互赞，精彩的评论也可以达到吸粉的目的。有的时候，短视频下的评论甚至比短视频本身还要精彩，而那些天马行空、脑洞大开的评论甚至能获得成百上千个点赞。那创作者到底应该如何通过引导评论来吸粉呢？具体可以从 5 个方面入手，如图 6-10 所示。

- 评论要有选择性
- 评论的速度越快越好
- 评论的内容要有吸引力
- 通过提问式评论引发互动
- 借助利益引导关注

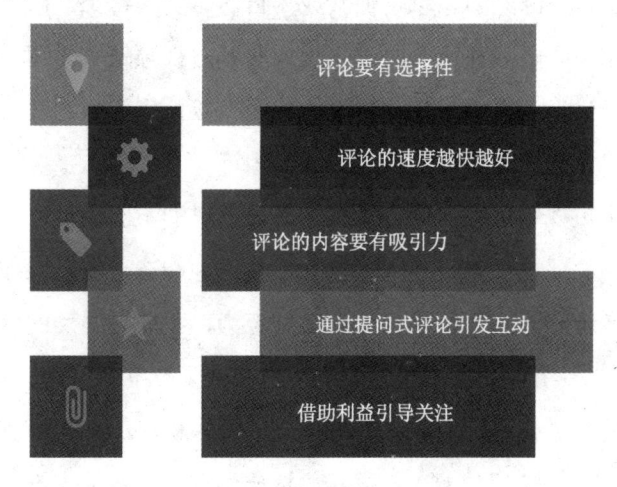

图 6-10 如何利用评论来吸粉

短视频：新时代红利重构

1. 评论要有选择性

选择性通常是指创作者想吸引什么类型的粉丝，就要到这类粉丝聚集的短视频下写评论。例如，创作者希望吸引一批喜欢美妆的粉丝，那就可以到美妆类短视频下写评论，要想让吸粉的效果更好，就可以选择在一些知名度比较高的短视频下写评论。

2. 评论的速度越快越好

正所谓"天下武功，唯快不破"，创作者在把握机会的时候一定不要拖沓，必须保证速度。要知道，好的机会往往都是稍纵即逝，评论也是同样的道理。在绝大多数短视频下，最先评论的人通常都会排在评论区的前几位，如此绝佳的曝光机会，肯定会让吸粉效果提高几倍甚至几十倍。

3. 评论的内容要有吸引力

在评论时，内容一定要有吸引力，语言风格可以幽默风趣，也可以独树一帜，这样才能给人们留下深刻的印象，使其成为自己忠实的粉丝。由于每个短视频账号都有自己的调性，所以评论的内容一定要与该短视频账号的调性相符。例如，某个短视频账号一直主打"淳朴、阳光、有爱、接地气"的调性，那在评论时就要以此为基础，让自己的评论内容与该调性相符。

再如，某个短视频账号的运营者为了凸显自己的不服输精神，就在一条短视频下留下了这样的评论："很多人可以非常安逸地待在老家，但在安逸的背后还有不为人知的辛苦和无奈，所以创作者必须努力，不能被残酷的现实打倒。"该评论获得了5000多个点赞，该短视频账号也收获了一批新粉丝。

评论的目的是引起人们的注意并把他们转化为粉丝，所以像"沙发""支持""到×××那里点下关注""真的非常棒"这样的评论内容根本没有任何意义和价值。因此，创作者需要换一种思路，例如，把唯美的摆拍作为评论，借助评论介绍星座、感情方面的知识等。

另外，如果创作者的语言表达能力比较欠缺，那就写多一些评论内容，以展示自己诚恳的态度，这样也可以吸引别人的注意。必须承认，几百字的评论肯定比几个字的评论更能打动人心。

最后需要注意的是，评论内容一定不能是赤裸裸的"硬广"，否则不仅会让人们产生强烈的反感心理，从而拒绝成为创作者的粉丝，还会使创作者处于不利的境地，如因触犯平台的相关规则而被处罚或禁言。

4. 通过提问式评论引发互动

提问式评论往往可以实现双方互动的效果，从而提高吸粉的效果。首先，创作者需要在短视频中找到一个立足点。然后，根据这个立足点设定问题，如"如果一个人夸你，你一般怎么回应""你有多久没见到自己想见的人了""你和初恋是怎样认识的，又是怎样分手的"等。最后，吸引一大批人前来回答和互动。

5. 借助利益引导关注

除了上述四个方面，创作者还可以加入一些利益来引导评论。这里所说的利益可以分为两种，一种是物质利益，如优惠券、折扣券、体验券、小礼品等；另一种是精神利益，如线上课程、书籍、软件等。

对于这两种利益，不同的人有不同的想法，各短视频平台也有一定的包容标准，创作者如果越线，会受到相应的处罚。因此，创作者在实践过程中，一定要谨慎使用这一方法。

在利用评论吸粉之前，创作者可以先整理一些与自己的调性相符的短视频账号，然后定期或不定期地到这些账号的视频下评论。如果创作者找到了 100 个符合自己调性的短视频账号，那就相当于拥有了 100 个吸粉的入口，坚持一段时间后，肯定会取得非常不错的结果。

6.3.2 与名人合拍：巧用马太效应，叠加影响力

在短视频领域，名人是最有影响力的一个群体，如果能和他们一起拍摄短视频，会非常有利于粉丝数量的增加，因为名人更容易引起他人的关注，可以帮助创作者提升知名度，扩大传播范围。

心理学中有一个"马太效应"，描述了一种"强者愈强、弱者愈弱"的现象。在短视频账号运营的过程中也常常会出现马太效应，通常表现为关注的人越少，推广的效果就越差，从而导致关注的人数难以增长；关注的人越多，推广的效果就越好，关注的人也会越来越多。

与名人合作也是这个道理。和名人一起拍摄视频，会在粉丝之间形成一种"爱屋及乌"的心理。也就是说，作为名人的忠实拥护者，粉丝也会对喜欢自己偶像的人产生好感，自然而然就愿意去观看视频，并成为这个人的粉丝。

借助名人的知名度和影响力，创作者可以为人们提供十足的安全感和信任感，这非常有利于创作者迅速建立起信任体系，叠加影响力。由此可见，和名人一起拍摄视频确实是一个非常不错的吸粉方法。那么，创作者到底应该如何充分利用这个方法呢？具体可以从3个方面着手，如图6-11所示。

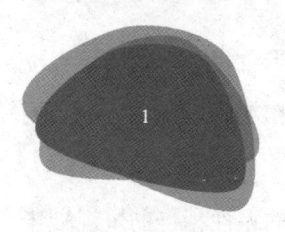

1	2	3
注重名人的形象和声誉	选择与自己定位相符的名人	拍摄完成之后要@名人

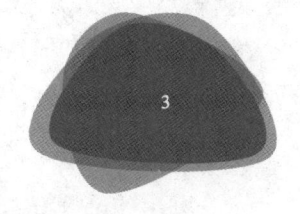

图6-11 如何利用名人来吸粉

1. 注重名人的形象和声誉

名人的形象和声誉会在很大程度上影响他在粉丝心中的地位，一旦名人在这两方面出现问题，粉丝就会迅速流失。如果和这样的名人一起拍摄视频，不

仅不能起到增加粉丝的效果，反而会破坏创作者在粉丝心目中的形象。

2. 选择与自己定位相符的名人

定位明确以后，后续的工作都要以此为基础展开，所以创作者在选择大咖时，一定要保证他们与自己的定位相符。可以想象一下，一个主打美妆内容的短视频账号，如果找一个走恐怖惊悚路线的名人拍摄视频，会取得很好的效果吗？肯定很难。

3. 拍摄完成之后要@名人

所有短视频平台都有@功能，这个功能具有很好的提醒作用。例如，创作者在发布自己和名人一起拍摄的视频时@了名人，那么这个名人的粉丝就会关注创作者，观看其发布的短视频，这样不仅有利于提高创作者短视频的播放量，还可以为创作者带来一批粉丝。

可以说，利用名人来吸粉的确是一种非常高效的方法，但是创作者必须做好上述三件事。首先，找对名人；然后，和名人一起拍摄视频；最后，随手@名人。如果能利用好这个方法，创作者就不再需要担心粉丝数量和粉丝活跃度的问题，因为这些大咖的个人魅力会让粉丝们趋之若鹜。

第 7 章

社群是短视频发展的大方向

社群是指在某些边界线、地区或领域内发生作用的一切社会关系，一般有稳定的群体结构和比较一致的群体意识。随着社交媒体的发展，社群成为新的圈粉和固粉工具。把对短视频内容感兴趣的人通过社群集中起来，更有利于留存和管理粉丝。

7.1 垂直化导致社群化

社群的兴起与小众垂直文化的走红分不开。越垂直的内容受众越少，社群的作用也就越强大。社群可以把喜欢同一类事物的人集中起来，为他们持续输出有价值的内容，从而让他们成为短视频账号的"铁粉"。

▶ 7.1.1 短小精悍成为市场新风向

从近几年短视频账号运营的成功案例来看，市场更偏向于垂直品类的账号或

社群是短视频发展的大方向 第7章

达人。垂直类短视频账号的粉丝黏性和影响力远超那些泛娱乐化的短视频账号。垂直类短视频账号在内容方面表现为"短小精悍",即只讲一个话题或只说明一个问题。

短视频自创立之初,在内容上就与长视频有明确的区别,因此,创作者在制作短视频内容时,决不能忽略短视频的核心——"短"。那么,在有限的时间内,怎样把短视频做到极致呢?那必然要考虑内容"精"的问题。

关于这个"精",创作者必须清楚的一点是,短视频的创意需要有更快的"节奏感"。在如今这个用户注意力极其分散的时代,短视频要想留住用户,必须着重把握时间和节奏,在3~5秒内迅速抓住用户眼球,并吸引用户花十几秒的时间把视频看完。而节奏感来自对"黄金时间"的把握,创作者要利用好每帧画面。

首先,在短视频中,一个亮眼的开头是无比重要的。CHEIL前中国区执行创意总监龙杰琦曾表示,如果短视频的前三秒不吸引人,用户可能就会滑过去,起不到营销的效果。

这个"亮眼的开头"是什么意思呢?例如,如果要拍摄一则广告的短视频,那"亮眼的开头"就意味着要在短视频中尽早地提出品牌名、品类名,告诉受众能得到的利益,否则用户很可能还没等知道这是什么品牌的广告就滑过去了。

其次,视频传达的信息要高度浓缩,诉求和卖点越单一越好。微播易的创办人CEO徐扬认为,越复杂的诉求越不适宜推广,要找到最迎合年轻人需求的单一卖点进行创意创作,也就是说要靠一个卖点来抓住用户的眼球,切忌卖点扩散。

简言之,短视频的内容应该非常独特,叙事简洁,短小精悍,直入主题,这样才能够快速吸引用户的注意力,并且不会让用户轻易滑走视频。

根据以上分析,要想将短视频拍得更加精致,吸引用户的眼球,需要创作者拥有绝佳的创意。例如,某位博主的视频风格可以说独树一帜。她的短视频用很快的语速来吐槽生活中的各种大情小事,事情本身可能并不出彩,但是她讲故事的风格非常新颖,火爆一时。

短视频：新时代红利重构

随着生活节奏越来越快，似乎每个人都变成了"急性子"，没有人会耐着性子听创作者慢吞吞地讲一个故事，人们喜欢在短时间内快速获取有价值的信息。因此，想要做出吸引人的短视频，创作者就必须拍得"快"且"精"，还要讲得"深"，让用户有获得感。只有这样，创作者才能在短视频行业，占有一席之地。

▶ 7.1.2 短视频内容偏向垂直深耕

用户在最初观看短视频时，往往喜欢选取一些流传度较广的娱乐类短视频。但是最终能够留住用户的，还是更具备垂直性、有深度的短视频内容。这种专注于某一领域，内容垂直化、精品化的短视频不仅可以获得巨大的人气，同时拥有非常可观的变现能力，还让社群的存在更加普遍。

例如，某母婴类短视频账号就凭借垂直深耕内容，提高视频品质，以简单的风格、实用的育儿技巧和时长 1 分钟左右的视频赢得了不少用户的喜爱，现在已是母婴类短视频头部机构之一。不仅如此，用户在获得了更好的观看体验之后，该短视频账号每月的电商销售额就突破了 8 000 万元。

该短视频账号针对新手妈妈特别制作了一系列简单易学、种类多样的辅食制作视频。视频时长都在一分钟左右，尽可能节省了用户的时间，而且"干货"满满，除了介绍辅食的做法，视频中还增添了不少育儿知识，如婴儿长牙期有哪些注意事项、怎样促进宝宝肠胃蠕动等。

以该短视频账号发布的一条制作苹果燕麦粥的短视频为例。视频中演示了如何削苹果皮、如何用擦丝器将苹果削成泥状，以及如何搭配食材。就连将燕麦先在水中浸泡十分钟再熬制这样的小细节都包含在内。虽然视频非常短，但内容充实，讲解详细，实操性很强。

除了制作辅食，该短视频账号还推出了育儿知识介绍、母婴产品介绍、亲自DIY 手工、益智玩具推荐、婴幼儿服装和亲子出游等系列内容，几乎囊括了育儿生活的方方面面。此外，在内容制作过程中，创作者会邀请专业营养师对内容把关，保证宝宝的健康成长。相关母婴用品，如纸尿裤、辅食产品等，在巨大的流量推动下都获得了很好的销量。

通过以上介绍可知，该短视频账号之所以能迅速成为母婴短视频品牌的领军者，主要是因为以下两点。

（1）以优质内容为基点，提高短视频更新频率。

（2）用短视频建立与用户的深层联系，增强场景建构。

总之，创作者可以充分吸收该短视频账号的经验，在注重内容开发的同时构建与内容相关的场景，拉近与用户之间的距离，尽量将更精准的用户聚集到社群中，最终实现人气的快速增长和内容变现。

▶ 7.1.3 活用微信群圈住粉丝

如今，微信已经成为最受人们欢迎的社交平台，而且微信还提供了很多功能，如微信公众号、朋友圈、微店等。短视频创作者可以把自己的微信号展示在简介中，把粉丝引流到微信群，从而达到更好的固粉效果。

如果粉丝想对短视频创作者有更深层次的了解，就会在微信上搜索创作者的微信号添加好友，创作者可以将这些粉丝拉进一个微信群，完成产品和品牌的推广。另外，微信群里的粉丝还有可能邀请自己的好友加入，这样就可以使创作者的微信群进一步壮大。

基于某个共通点而形成的微信群，其实相当于集合了某类价值观相近的人，是一个受众非常精准的大集体。在这样的一个大集体中，创作者开展任何工作都会非常顺利，取得的效果也会更好。

最后需要注意的是，在微信群创建之初，创作者要做一个简单的自我介绍，同时还要时不时冒个泡，但一定不可以发硬广，而是要谈论一些大家感兴趣的话题，这样才可以留住更多的粉丝。

7.2 打造专属"养粉"平台

社群的封闭环境决定了社群可以成为绝佳的养粉平台。在这里,创作者和粉丝可以零距离接触,并每天都为粉丝提供有价值的内容,培养粉丝习惯,从而大大提升粉丝的黏性。

▶ 7.2.1 经营粉丝社群

粉丝的活跃度是有时限性的,如果创作者不能好好经营粉丝社群,最后的结果一定是粉丝的热情渐渐退却,社群沦为"僵尸群"。为了避免这种情况的发生,创作者必须学会运营粉丝社群。网络时代,单纯地花钱推广是很难拓展更多的用户的,创立并维持口碑、经营并做大社群,才是网络时代的拓客方法。

通常情况下,大家所理解的社群经营,可能只是寻找一些对短视频内容有兴趣的人,然后不停地增加社群人数,以便能继续宣传。但是,这样做的效果很一般。

运营社群的中心意义其实是筛选粉丝,筛选出那些具有高欲望、高质量的粉丝,然后对这些粉丝进行协作式的推广传播。可以预见的是,今后短视频竞争的核心,一定是粉丝社群的竞争。

要构建一个良好的粉丝社群,最关键的绝对不是社群里的粉丝数量,而是粉丝的质量,或者说价值。在一个粉丝社群中,每个粉丝都有不同的价值。当价值高的粉丝离开社群时,社群的平均价值就会降低。

因此,如果只是一味地扩大社群的粉丝数量,粉丝的质量就会变得参差不齐,使那些价值高的粉丝觉得社群质量降低,从而选择离开。

例如,社交软件 Facebook 在解决粉丝质量问题时,创造了一个"小院子"。公司设计这款产品的初衷是让用户只看到自己所关注的那个小区域,只在自己的

社群是短视频发展的大方向 第 7 章

小院中活动,不需要去关注区域以外的陌生人。Facebook 的这种策略,无疑是一种避免社群平庸化的有效方法,这个方法不仅提高了社群的活跃度,还让社群的粉丝价值变得非常高。

除此之外,罗振宇的"罗辑思维"也采用了这个运营思路。罗振宇最初建立微信公众号"罗辑思维"时,免费为用户提供知识服务,但后期他没有走薄利多销的老路子,而是推出了付费会员,筛选出优质用户加入社群,以保证社群的高价值,从而黏住老用户。

这样经营社群,不仅能使粉丝变得优质,还能让优质粉丝对品牌充满热爱,发自内心地想要帮助创作者去推广,从而实现短视频账号的免费传播,达到创作者借助粉丝来吸粉的目的。

▶ 7.2.2 进出有序,建设精细化管理的高质量社群

建立社群后,为了提升社群的整体质量,保证自己的"身价",创作者不能把所有粉丝都请进来,必须有所取舍。那么具体应该如何做呢?可以设置合适的门槛。一般来说,门槛的类型主要包括 5 种,如图 7-1 所示。

- 付费类门槛
- 邀请类门槛
- 任务类门槛
- 阶梯类门槛
- 其他门槛

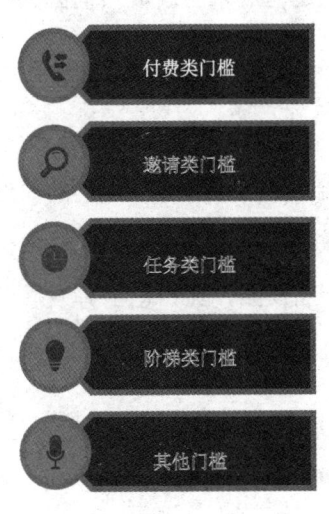

图 7-1 门槛的主要类型

短视频：新时代红利重构

1. 付费类门槛

这是一个最常见的门槛，事实上，它不仅是一个门槛，同时也可以成为创作者获得收益的一种方式。罗振宇曾经说过这样一句话："爱，就供养，不爱，就观望。"这句话的意思就是，对那些愿意付费入群的粉丝来说，他们肯定非常认同创作者的价值观和理念。除此之外，他们也会因为支付了一定的费用而十分珍惜自己在社群中的时光。

一般来讲，入群费用可以设置得比较低，也可以设置得比较高。如果入群费用较高，就可以将其看作一种获得收益的方式；如果入群费用较低的话，就可以将其看作一种筛选粉丝的方式。由此来看，如果创作者只想把付费当成门槛，那就不能把入群费用设置得太高。

2. 邀请类门槛

邀请类门槛是指如果有粉丝想入群，必须经过社群成员的介绍和邀请。这种类型的门槛还是比较有优势的，一方面，老成员对自己邀请进来的新成员有比较深入的了解，从而充分保证新成员的质量；另一方面，可以帮助创作者节省一部分筛选成本。更重要的是，邀请进来的新成员，因为有老成员这一强大的基础，所以能够迅速适应社群，黏性也比较高。

3. 任务类门槛

顾名思义，任务类门槛就是指让那些想入群的粉丝完成某项任务。例如，某快手账号运营者为自己的微信群设置了以下门槛：要想进入本微信群，必须把与本微信群相关的信息分享到朋友圈，让自己的好友看到。当然，如果想让任务设置得更加具体，还可以加上"必须分享××次或连续分享××天""要集××个赞"这样的要求。

4. 阶梯类门槛

创作者还可以将社群设置成各种不同的阶段，就像阶梯那样，从初级一直到高级。其中，初级阶段的社群不设置任何门槛，谁都可以进入。如果想进入中级阶段的社群，就必须支付一定的费用，或者完成某项任务。而如果想进入高级阶段的社群，那就得具备某些方面的能力，如人脉广、能言善辩、会调动气氛、资源丰富等。

如此一来，创作者的社群就变成了一个金字塔，当然，社群成员的数量也应该像金字塔一样，逐级减少。这样不仅可以让创作者更加有效地管理成员，还可以维护社群的稳定秩序，使其获得更加健康、长远的发展。

5. 其他门槛

门槛的类型不一定得是单一的，也可以将上述几种类型进行有机的结合，具体如何结合，应先分析创作者的实际情况和真正需求。

实际上，很多短视频创作者都担心自己创建的社群规模不够，于是索性就不设置门槛，让各种各样的粉丝都可以进入。但这样做的结果往往是，社群中充斥了各种毫无价值、毫无意义的广告、灌水和闲聊，根本就没有办法进行正常的引流和推广。为了避免这种情况的发生，创作者一定要为社群设置门槛，保证进出有序。

▶ 7.2.3 让忠实粉丝获得高附加价值

社群中经过层层筛选的忠实粉丝具有非常高的价值，不容易流失，同时还是让创作者实现内容变现的最佳人选，因此，这类粉丝应该是创作者重点留存的对象。而创作者在原有定位的基础上提供高附加价值是一种非常有效的留存粉丝的方法。

高附加价值会让忠实粉丝有一种专属感，从而对社群产生归属感。高附加价值不仅指可以让粉丝得到的实际好处，还可以延伸到更加高级的心理层面。

短视频：新时代红利重构

1. 实际好处类高附加价值

在实际操作的过程中，为忠实粉丝提供实际好处类的高附加价值比较容易。作为忠实粉丝，他们会认真观看创作者发布的每条视频，所以创作者可以在短视频的中间或结尾处加入促销、折扣或抽奖等相关内容，并且标注只有社群中的忠实粉丝才可以参加。此举不仅可以让忠实粉丝得到高附加价值，还可以成为新粉丝转化为忠实粉丝的强大动力，从而使新老粉丝都能够更加活跃。

2. 心理层面的高附加价值

除了以实际好处赋予的高附加价值，在粉丝心理层面赋予的高附加价值同样应该得到重视。一般情况下，心理层面的高附加价值可以分为品牌属性、娱乐属性两种，但要想从这两种属性的角度为忠实粉丝提供高附加价值，需要使用不同的方法。

（1）品牌属性高附加价值。品牌属性指的是一个品牌所特有的属性。如今，品牌标签化的情况屡见不鲜，人们在选择品牌时也同样会将这个品牌标签化，这就是所谓的品牌属性。人们之所以能够成为某个品牌的忠实粉丝，是因为他们觉得这个品牌的属性与自己的定位非常相符。因此，在创作短视频时，创作者可以重点突出这种品牌属性，让忠实粉丝感到被认同，得到心理层面的高附加价值。

（2）娱乐属性高附加价值。受欢迎的短视频往往带有一定的娱乐属性，因为这类短视频有利于品牌向人们传递一些重要的信息。在这种情况下，要想让忠实粉丝从充满娱乐属性的短视频中获得专属的高附加价值，创作者就必须做到量身定制、别出心裁。

忠实粉丝的一大特点就是对整个短视频账号有非常全面的了解，所以创作者在创作短视频时可以适当加入一些"老梗"，即只有忠实粉丝才能接收到的搞笑点。这样的话，当新粉丝询问某些内容是何种含义时，忠实粉丝可以通过详细解答而获得一种成就感，充分体会到自己的优势，从而对短视频账号产生更强烈的归属感。

社群是短视频发展的大方向 第 7 章

　　高附加价值对忠实粉丝有锦上添花的作用,创作者要想让他们产生归属感,最关键的是要保证短视频的质量,毕竟只有优秀的短视频才可以吸引更多的忠实粉丝。可以说,高附加价值是让忠实粉丝产生归属感的一种有效手段,但绝对不是必不可少的决定性因素。

第 8 章

运营短视频的关键策略

创作者在运营短视频账号时要学会合理利用策略，突出短视频的参与性强、传播价值高、趣味性等特点，从而给观众留下深刻的印象。

8.1 内容运营

内容是短视频的核心，因此，创作者必须懂内容运营，才能让好内容发挥出最大的价值。

▶ 8.1.1 冷启动阶段，测试为主

大部分短视频平台的算法推荐都会给内容打标签，给用户打标签。随着内容推送冷启动（系统把短视频推荐给最感兴趣的用户，然后收集这些用户的反馈，再决定是否扩大推荐范围，这里的用户反馈，主要参考用户点击率、读完率、点赞量、评论量、收藏量、转发量，其中点击率权重最高），通过算法将内容标签

和用户标签进行匹配，同时由用户与内容之间的互动量级决定下一步将内容推荐给多少用户。

短视频的标签是由系统依据短视频中某些词语出现的频率，将出现频率高的词语作为关键词，然后与同类短视频进行对比，最后才会给短视频打上合适的标签，短视频正文与简介中的关键性实词都会对系统打标签造成影响。

至于用户的标签，也是依靠系统评判的。对计算机系统来说，每位用户实际上是由大量数据组成的，如用户主动订阅、喜欢的内容、阅读的文章等，通过对数据的处理，每位用户将被系统打上各种标签。

假如在冷启动阶段，核心受众的反馈热烈，点击率高，系统会认为该短视频很受用户欢迎，从而进一步提高推荐量。因此，短视频下一次的推荐量取决于上一次推荐的点击率，创作者可以利用平台机制对新内容进行测试。

▶ 8.1.2 保证后续的内容量供给

想要在牢牢抓住老用户的同时积极吸取新用户，创作者需要保持一个较高的更新频率。在保证高频率更新的同时最好还要定时更新，这样便于培养用户习惯，增加用户的黏性。此外，一味为了保持高频率更新而忽略短视频的内容质量也是不可取的，只有保持高频率更新且高质量的短视频才能获得用户的青睐。

万合天宜作为一家新媒体影视公司，曾推出了《万万没想到》《报告老板》等系列短视频，其点击量累计已经突破了 20 亿人次。这两个系列短视频都是采取每期一个新主题、每周定时更新的方式，从而做到始终保持用户的活跃度。

万合天宜的短视频作品内容虽然多以搞笑为主，但是在内容的编排上体现了主创团队的真情实感，从而做出了打动人心的优秀短视频作品。例如，《最强选秀王》是《万万没想到》第一季中的一期，仅在 B 站上就获得了 302 万人次的播放量。作为万合天宜的早期作品，在尚未积累太多活跃用户的情况下，能取得如此好的成绩，自然是因为该作品有其独到之处。

短视频：新时代红利重构

当时选秀节目频出，唱歌、跳舞、演讲等各种技能相关的选秀节目层出不穷，吸引了大批观众。万合天宜选取这个主题，迎合了当时的社会热点，很快就获得了一定的热度。在《最强选秀王》中，万合天宜没有以各个主人公的技能作为主要内容，而是另辟蹊径，揭示了当时观众极为不满的一个现象——"卖惨"。

"卖惨"指的是利用自己的惨状博得他人的同情，然后从中获得利益的一种行为。在选秀节目中，有些选手由于自身的悲惨遭遇获得了评委的同情，得到了更多的鼓励。一些想走捷径的选手从中看到了"机会"，开始编造自己的惨状，欺骗评委和观众。随着这样的选手越来越多，许多节目被搞得乌烟瘴气，观众对这种现象也越来越不满。

《最强选秀王》就是在这样的背景下制作完成的。这条短视频以非常荒诞的方式表现了几个选手不合逻辑的故意"卖惨"，而评委出于各种考量，不仅没有揭穿他们，还假装被感动。短视频以夸张、搞笑的方式揭示了这种社会现象，并且借主人公的口说出了用户对这种现象的真实感受和评价，获得了用户的认可。而且那些之前没有注意到这种现象的用户，也会在观看这条短视频之后引起思考。

万合天宜的大多数短视频作品都是如此，以当时的热点话题作为背景创作脚本，然后让演员以搞笑的方式表演出来。用户在观看这些分外真实的短视频时，除了哈哈大笑，还会引发自己的深思，从而体会到制作团队的用心，自然而然地就对制作团队产生了认同感，从而转化成活跃用户。

短视频团队想要做出真实走心的短视频作品，一方面要关注当下的热点话题，找到独特的切入点，创新地表现出热点现象背后所隐含的真实意义；另一方面也要关注目标用户的需求，从他们的想法出发，打造出内容精良、观点生动的优秀作品，这样才能持续吸引用户。

8.2 账号运营

账号运营是指从账号的整体角度运营短视频，包括从目标用户（粉丝）角度思考、确定目标调性等。

8.2.1 从目标用户的角度思考

创作者在运营短视频时最关键的一步就是找到用户的痛点，由此出发来选择定位、设计人设、优化内容。为此，创作者要学会站在粉丝的立场思考。那么，具体该如何操作呢？

创作者要研究粉丝的诉求，只有了解他们的诉求，才能知道他们的痛点。基于这一点，创作者要多看、多悟、多回答，琢磨为什么粉丝会问这样的问题，思考问题背后的逻辑到底是什么，以及粉丝有哪些痛点需要被解决。

创作者要多看粉丝喜欢看的短视频，看看他们喜欢的内容都是什么类型的。然后进行分析、总结、归纳，找到问题的根源，最后就能得到有价值的解决方案。这样持续做下去，粉丝才会更喜欢看创作者的短视频，创作者也才算真正意义上解决了他们的痛点。

只有创作者创作的内容真正刺中了粉丝的痛点，满足了他们的需求，才能让粉丝产生依赖，产生更高的用户留存率。

通常而言，一条好的短视频会让人上瘾，粉丝会想每天都打开这条短视频看一看，但不是每条短视频都能如此受到粉丝的喜爱。要想让自己创作的短视频受到粉丝的喜爱，需要使用一定的技巧，可以从以下三个角度来探讨。

1. 将账号情感化，让粉丝能找到共鸣

粉丝之所以喜欢一个短视频账号，肯定是因为他能从这个短视频账号中找到情感寄托。这样，短视频账号和粉丝之间就有了情感连接，情感是一切关系和开始。

2. 在视频细节上超越粉丝的期待

能让粉丝获得超越期待的收获的内容通常体现在两个方面,一是细节,二是惊喜。例如,如果观众对歌手的期待是认真唱歌,而歌手不但认真唱歌了,还用心唱了观众喜欢的歌,让观众觉得很有共鸣,那就超越了观众的期待。

又如,某抖音账号在创作作品时,经常会征集粉丝的评论,唱一些粉丝们喜欢的歌,当粉丝们看到这些作品时,就会感受到惊喜。这种惊喜会在他们心中留下深刻的印象。因此,创作超越粉丝期待的内容,是创作者的核心竞争力。

3. 从粉丝的角度去思考问题,了解粉丝需求

要想真正了解粉丝的需求,必须从粉丝的角度思考问题,设身处地地体会粉丝的心境。例如,创作者在创作内容时,应这样想:如果我是粉丝,我想在短视频中获得什么?视频中什么样的细节会让我觉得感动、有趣?然后想办法一一满足这些需求。换句话说,创作者需要切身了解粉丝的需求,满足他们的渴望。

短视频账号在运营初期,肯定会存在很多不足,这个时候发现问题就很重要,发现之后要立刻解决问题、优化内容,让内容最大限度地触碰到粉丝的痛点,从而达到他们满意的程度。

最优秀的短视频账号运营,每个点都会做到与众不同,只有这样才有可能被粉丝关注和传播。而让粉丝满意的前提就是从粉丝的角度思考问题,找到每个痛点。这是一种思维方式,创作者要多加实践。

▶ 8.2.2 确定目标调性

对创作者而言,最在意的莫过于自己的内容能否得到好的曝光,被更多人看到,而决定这一问题的重要因素就是目标调性。什么是目标调性?一般情况下,目标调性是指目标用户群的特点,包括他们的情感偏好和价值观。例如,创作者

的目标用户是 10～18 岁的青少年，那创作者就可以围绕他们进行内容拓展，具体分为以下 4 个步骤。

（1）画出一个九宫格。

（2）以 10～18 岁的孩子为核心，列出 8 对有效关系。

（3）将 8 对有效关系放到九宫格中，并分别罗列出 8 个常见的、有戏剧冲突的沟通场景。

（4）以已经形成的 64（8×8）个沟通场景为基础，规划出 3 段对话。例如，针对做家务这一沟通场景，可以规划出拖地对话、洗碗对话、洗衣服对话。

经过上述 4 个步骤，大量的创作方向就涌现出来了，像这种把点扩展成面的方法，通常被称为场景扩展法。相关事实也证明，在短视频账号运营过程中，这一方法确实可以提供很多方面的好处。最重要的是它有利于保证短视频内容的合理性，因为在对目标用户进行了细致分析和深入了解之后，内容的创作方向基本上不会出现太大的偏差。

由此可见，把握目标调性对短视频账号的运营十分重要。可以说，无论是从内容层面来讲，还是从运营层面来讲，这样的做法都合情合理。

集结了众多喜剧明星的短视频账号"喜蕃"正式上线后，发布了《新白胖子传奇》系列短视频。据相关数据显示，该系列第一集发布后，在不到一天的时间内，播放量就已经达到了千万人次，粉丝数量也迅速飙到上百万人，如图 8-1 所示。

图 8-1 "喜蕃"的粉丝数量

短视频： 新时代红利重构

那么，究竟是什么让"喜蕃"取得如此亮眼的成绩，顺利走红呢？难道只是喜剧明星自带的流量效应？当然没有那么简单，除了流量效应，更重要的是正确的创作方向和极高的内容质量。

实际上，在如今这个综艺当道的时代，喜剧似乎面临着很多严峻的挑战，如表演受限、形式单一、内容老套等。再加上观众审美水平的不断提高，之前的喜剧已经无法满足他们的要求，很多喜剧从业者都承受着"失业"的压力。

但是，"喜蕃"打破了传统，一改常态，围绕目标人群进行内容创作。因此，无论是《新白胖子传奇》系列，还是《贾总就是致富之光》系列，都没有局限于之前那种舞台式的喜剧呈现模式，而是在内容创作上更加贴近目标人群的要求，充分展现了自己的诚恳态度。

其实创作者创作每个作品的时间都很有限，在这有限的时间内，创作者必须吸引所有观看视频的人，而要想达到这一效果，最关键的就是选择正确的作品调性。只要把握住创作的整体调性，内容的质量和吸引力都不会太差。

8.3 不同类型短视频的运营方法

不同类型的短视频在运营时会有不同的侧重点，本节将介绍4类短视频的运营方法，分别是吐槽段子类、文艺清新类、实用技能类、可爱萌宠类。

▶ 8.3.1 吐槽段子类：针对热点，吐槽点要狠、准、深

相信很多人都在抖音上刷到过那句"好嗨哟！感觉人生已经到达了高潮！感觉人生已经达到巅峰！"这句台词出自某短视频账号发布的一条显示城里人和农村人蹦迪的区别的短视频。这条短视频的点赞量超过250万个，其背景音乐也成为抖音"神曲"，甚至引来了诸多明星的模仿。该短视频账号的粉丝也在2个月

内飙升至1 400万人，直接冲进抖音新锐榜前三名，是实打实的抖音现象级红人。

该短视频账号发布的内容主要是日常生活中的趣事，通过个人色彩强烈的吐槽，分享自己在生活中的观察和积累，引发了大批观众的共鸣。

现在吐槽类内容越来越受欢迎，要想将此类内容做好，首先要有一个成熟的脚本，然后根据当时的热点对其进行幽默的改编。这样不仅有利于提升内容的质量和吸引力，还有利于引起人们的共鸣。除了脚本，创作者还必须掌握一些与吐槽有关的技巧，如图8-2所示。

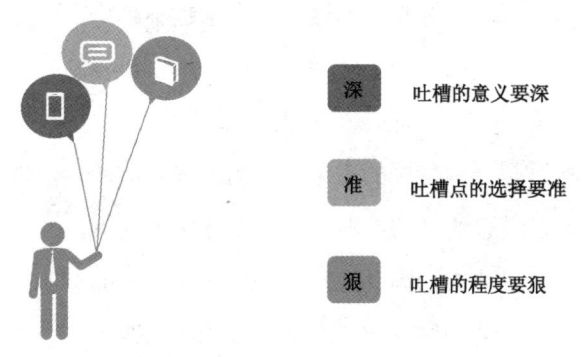

深　吐槽的意义要深

准　吐槽点的选择要准

狠　吐槽的程度要狠

图8-2　与"吐槽"有关的技巧

1. 吐槽的意义要深

吐槽类内容虽然可以给人们带来欢乐，但是要想形成持久的生命力，绝对不能只依靠搞笑。从本质上讲，吐槽是一种手段，表达的是一种客观现象，不过其背后应蕴含深刻的道理。

2. 吐槽点的选择要准

吐槽点在很大程度上决定了吐槽类内容的成功与否，在选择吐槽点时，不仅要充分了解被吐槽的人或事，还要找到其根本的特点。因为当根本的特点被找到以后，被吐槽的人或事就拥有了一种具体的形象，从而在人们心中留下深刻的印象。

此外，吐槽点的选择也可以衡量吐槽类内容创作者的业务水平。如果一个创作者连吐槽点都选不准,那就很难输出真正有吸引力的短视频。久而久之,人们就会对他的短视频失去兴趣。

3. 吐槽的程度要狠

吐槽其实是针对他人的话语或某个事件的薄弱点发起的一次进攻,既然是进攻,"招式"就要狠。那些太过客气的吐槽,不仅难以取得良好的效果,还会让人们在观看时感觉不到其中的乐趣,觉得索然无味,进而无法产生强烈的共鸣。

由此可见,吐槽的程度必须狠,但这并不表示越狠越好,必须把握一个合适的尺度,而且不能失去幽默感。如果吐槽只是一味地"说狠话",那就很容易变成对他人的贬损,这不是吐槽真正应该表现的东西。

吐槽类内容的本质是一种特殊的表达段子的方式,因此,虽然吐槽的程度要狠一些才能达到令人们满意的目的,但是绝对不能伤害别人。

优秀的吐槽不仅可以让人们因其幽默夸张的表达方式而会心一笑,还可以让人们在仔细品味之后,感受到这其实是对某种现象的辛辣讽刺,并从中学到一些十分有价值的东西。

▶ 8.3.2 文艺清新类:"创意+高格调"是核心

一条是由《外滩画报》前总编徐沪生创办的、专注于生活类短视频的新媒体。其针对的用户群体是注重生活品质的中产阶级,所以选取的场景也往往与此相关。一条与其他注重内容接地气的短视频不同,走的就是高端路线,偏文艺清新风,而在短视频行业,这类内容并不多,因此很快就获得了用户的认可和喜爱。

中产阶级的生活是一个抽象的概念。在一条短视频中,中产阶级的生活方式泛指一种富含美学的高品质生活方式。一条短视频突破了以往领域内的固有观点,创作了一种"杂志化短视频",即使用缓慢的镜头切换和对场景摆设的严格要求,力求每帧画面都像一张明信片,使用户在观看短视频的同时获得美的享受。

如图 8-3 所示是一条的 Logo，设计简单清新，以黑和白作为主体色调，不加其他色彩图案的修饰，体现出了一条的文化内涵：简单而精致。徐沪生及其团队在定位一条的过程中也经历了很长时间的调查研究。一开始，他想制作以人为主体的短视频系列，但是由于在操作过程中遇到了许多难以解决的问题，最后还是放弃了这一想法，经过团队的讨论研究，最终选择以中产阶级的生活为创作主题。

图 8-3　一条的 Logo

当前爱好文艺清新类题材的用户数量呈现逐年增长的趋势，越来越多的用户希望在短视频中获得文化知识或一种美的体验，因此文艺清新类题材的短视频数量也节节攀升。

一条短视频平台上就辟有相关的栏目，其中的纪录片频道专门讲述了来自遥远边陲的故事。短视频《每个无名的小人物，都有他存在的意义》一经播出就获得了 143 万人次的播放量。该短视频主要讲述了一位名叫海波的摄影师用镜头记录了中国各地的人物图谱。海波拍摄过《他们》系列作品，其中的《桥》就以"缺席的人"为主题，表达了人世的无常。在视频中，海波展示了两张照片。一张是 20 年前的照片，照片上的海波和弟弟站在桥上。20 年后，弟弟去世，海波又来到桥上留影，只是弟弟的位置变成了永远的空缺。这组照片整体上给人一种情感上的震撼。这种文艺类视频选择一条投放就能获得很好的观看效果，而如果放置在头条这种偏大众娱乐化的平台，关注度就不会太高。

8.3.3 实用技能类：提供干货才是王道

在技能分享类短视频中，"微在涨姿势"是一个典型的成功案例。该短视频账号发布的短视频经常脑洞大开，内容让很多用户闻所未闻、见所未见，甚至能够让用户学到一些日常生活技能，可谓益处多多。它实际上是一个日常生活技能教学账号。其短视频内容涵盖了美食、宠物、美妆、真人秀、手工等各个方面。无独有偶，"奇小脸的厨房"与"罐头视频"也是以生活技能分享为实际运营内容的短视频账号，这类短视频通常以各种日常生活中的小技巧为切入点，其播放完成率相比其他内容更高。

罐头视频是由刘娅楠创办的一个专注制作实用技能类短视频的短视频账号，以其实用性和趣味性兼备而深受广大用户的喜爱。发现、研究能够使生活变得高效的技能是刘娅楠的爱好，而随着创业想法的诞生，她最终将自己的爱好变成了工作。

罐头视频在经过一段时间的研究后，最终确立了制作短视频的方向。在这个过程中，罐头视频使用了许多好的运营方法来对其短视频进行推广，最终在成立仅一个月后就拿到了天使轮百万元的融资。下面就来介绍一些罐头视频使用过的运营策略，如图8-4所示。

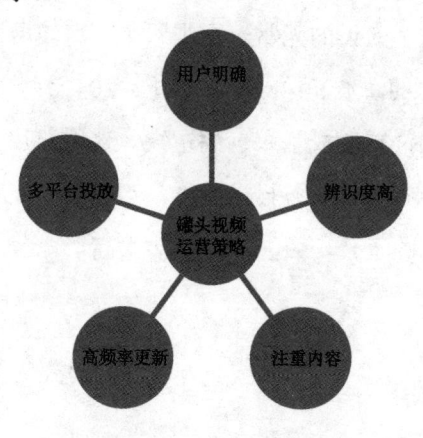

图8-4 罐头视频的运营策略

1. 用户明确

马斯洛需求层次模型将人们的需求归纳为 5 类：生理需求、安全需求、社会需求、尊重需求和自我实现需求。罐头视频要想抓住用户的痛点，就要满足用户的这 5 类需求。从这 5 个角度出发，罐头视频通过对各种数据的收集研究，在筛掉不合理的用户需求后，挖掘出了目标用户群体的真实需求。

如图 8-5 所示，罐头视频的用户年龄大多为 18～30 岁，基本上都是接受过良好教育的年轻女性。这部分用户对日常生活的品质有较高的追求，愿意为此而付出行动。罐头视频正是抓住了这一点而推出了能够满足这些用户真实需求的短视频。

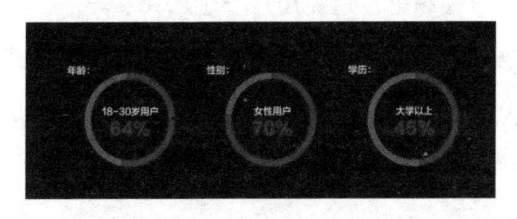

图 8-5 罐头视频的用户画像

罐头视频在拍摄短视频时往往比较注重场景的营造，使用户在学到一个生活技巧的同时还能得到美的享受。罐头视频在技能的选择上也多以美食、家居为主，符合这部分用户的需要。

2. 辨识度高

罐头视频之所以能够从众多同类短视频中脱颖而出，主要归功于其较高的辨识度。罐头视频与一般的实用技能类短视频不同，它以快节奏的方式形成了独特的短视频风格。为了做到这一点，罐头视频往往采用节奏较快的背景音乐，使用户在轻松的氛围下快速学到一个实用技能。

除此之外，罐头视频还注重对品牌形象的塑造。罐头视频的员工就是短视频中的"罐头妹"，最具代表性的"罐头妹"是一个清秀的小姑娘，和通常妆容精致、衣着得当的"网红"的形象截然不同。"罐头妹"自带一种亲和力，使用户一看到她就心生亲切感，愿意长期关注，从而增加了用户的黏性，使其转化为忠实用户。

3. 注重内容

罐头视频将内容的打造作为重中之重。其场景的选择在贴近生活的同时也经过了精心的安排，使用户在观看时能够获得好的体验。此外，罐头视频从日常生活出发，选取了最实用的技能推荐给用户，贴心自然。短视频的内容本身就是罐头视频的产品，所以即使是广告植入，罐头视频也会尽量使用富有创意的方法让广告商品自然地融入短视频中，避免用户产生违和感。

罐头视频经常使用"几分钟学会一个××技能"这种格式的标题。作为短视频中最先被用户看到的一部分，一个恰当的标题很容易就能引起用户的兴趣，从而提高用户点击短视频观看的概率，进而提高热度。

4. 高频率更新

罐头视频设有美食、手工、社交、宠物、男性5个短视频栏目，由于每期短视频的时长都较短，罐头视频可以每周更新6次。这样的高更新频率可以快速吸引大批用户，并且使这批用户养成定时观看短视频的习惯，从而提高用户的黏性，避免其大规模流失，构建一个稳定的团队与用户之间的关系，促进短视频账号的发展。

5. 多平台投放

如图8-6所示，罐头视频在多个社交平台、视频门户平台进行同步投放，这样就在很大程度上扩大了用户的覆盖面，吸引不同平台的用户，使用户群体的构成更加系统化。

图 8-6 罐头视频的投放平台

罐头视频在众多平台上同时投放，可以对不同平台的用户进行快速的筛选提炼，选出最有发展可能的种子用户。这种广泛投放的行为还可以最大限度地降低运营风险，做到对不同用户的深入挖掘，从而增进用户对罐头视频的感情，拉近双方的距离，达到最好的运营推广效果。

▶ 8.3.4 可爱萌宠类："云"吸猫狗抓住都市年轻人的心

深夜 11 点，小雅坐在自家沙发上边敷面膜边看她最喜欢的博主更新的视频。视频中，主人公冲一只阿拉斯加犬扔过去一条背心，并质问它："为什么咬坏了我的袖子而且还只咬一只？作为强迫症的我受不了。"看着阿拉斯加一脸茫然的表情，小雅发出阵阵笑声。

同一时间，小楠在公寓里一边抱着猫咪，一边打开 B 站某萌宠 up 主的最新一期视频。在视频中，两只猫咪又闯祸了，但女主人对它们很温柔，给它们买了新玩具。看着视频中男女主人和四只猫的幸福生活，小楠感觉很治愈。

这些为用户带来快乐的宠物们，在有着近千万名爱宠人士的中国市场，热度始终居高不下。它们用宠物的"萌"治愈了无数人，让人们结束一天的工作后，因为可爱小动物的逗趣行为而会心一笑。"萌"就成了这些短视频账号的人设。

如今的宠物自媒体已经无法再靠简单的九宫格图片就能吸粉无数，想要吃"萌

短视频：新时代红利重构

宠"这碗饭，创作者不仅要会养宠、会拍宠，还要明确用户的需求，了解不同发布渠道的特点，精准布局。要想利用宠物视频为宠物赚点口粮也许不难，但若想连主人的那一份也一并赚回，需要创作者具有系统的商业思维。

只将"萌"作为短视频账号的人设是很单薄的，制作者需要想出一个绝佳的方案来凸显这种"萌"，将"萌"具象化，让用户被宠物逗笑的同时，还能感受到心灵上的治愈。

在运作可爱萌宠类短视频账号时，可以使用以下几种技巧提高吸粉能力。

1. 用"颜值"征服粉丝

端午和妞妞是曾经火爆全网的一对猫狗组合。妞妞是一只萨摩耶犬，是主人从朋友那里领养的，端午是一只苏格兰猫，是宠物店中一窝猫里唯一被剩下的一只。一猫一狗非常投缘，妞妞温柔脾气好，端午则非常有个性，有点酷酷的，它们亲昵地在一起玩耍的照片被很多网友喜欢，甚至还被制作成了可爱的表情包，如图8-7所示。

这一时期的宠物自媒体还处于比较原始的"内容主要靠猫狗"时期，内容形式也比较单一，图片几乎是第一生产力。长得好看、性格活泼可爱的宠物最有市场，若是主人再风趣一点，账号的关注度都不会太低。但因为内容单薄，时间长了，粉丝黏性会逐渐降低。

图8-7 妞妞和端午的照片

2. 展示宠物与主人的幽默互动

之后，新一批宠物自媒体出现，这些视频中的主人公大多都是"话痨"人设，依靠吐槽、教育宠物等类型的短视频内容走红。例如，某宠物自媒体就经常以教育"拆家"的哈士奇为主要内容，主人看到被咬坏的沙发和被推倒的垃圾桶，既生气又绝望的语气，搭配视频中哈士奇茫然甚至还很高兴的表情，经常逗得网友捧腹大笑。

这些短视频的拍摄难度不大，只需要主人愤怒、迫切的语气搭配宠物淡定的表情就能起到很好的戏剧效果，不仅能吸引宠物爱好者们的关注，还能将很多搞笑内容的受众转化成自己的粉丝群体。

3. 创作纪实向内容

以主人的语言为主要生产力的短视频对宠物本身的展示范围有限，甚至还有摆拍之嫌，于是纪实向内容开始走红。例如，某自媒体就以偏向于微综艺的内容和不同的主题，记录了男女主人与4只猫咪的日常生活。

该自媒体的内容并不是随手拍的，而是有完整的故事线，以主人与猫咪之间的日常生活为核心，并辅以喜剧或温情元素。例如，有一集的主题是猪皮（猫名）刚到家时，与其他三只猫发生了冲突。随着一天天的相处，它们的关系越来越好。还有一期视频的主题是女主人外出，男主人一人带猫，男主人的手忙脚乱与女主人的游刃有余形成了鲜明的对比，使短视频的冲突效果非常到位。

这类纪实向内容的优势在于真实地还原了宠物的日常行为状态，不设置条条框框，而是用宠物天然的"萌"逗笑观众。宠物的不可控行为一般会带来很多冲突点，这是观众更想看到的。

4. 展现宠物"智商惊人"的一面

还有一些宠物自媒体用宠物惊人的智商来秀出宠物的"萌"。在短视频中，这些宠物能听懂主人的话并能做出正确的反应，甚至能通过动作表达自己的想法。

例如，抖音上的"神犬"啵啵乐是一只小鹿犬，它不仅能听懂主人的话，甚至还会跟男主人"争宠"，把男主人偷偷买烟、藏私房钱的事告诉女主人，让观众看过后不禁佩服它的智商。

5. 将宠物拟人化

将宠物拟人化也是非常常见的一种展现宠物萌点的方式。例如，将两只宠物扮成情侣，通过配音还原情侣之间的矛盾和冲突，或者设置好宠物角色，将其置身于某个场景中，跳出拍摄宠物短视频的固有思维，用宠物的视角看社会上的热点话题。这种形式不仅容易引起观众的共鸣，还能让"宠物说人话"这种反差给观众留下深刻的印象。

例如，某抖音账号就是从一只哈士奇的视角讲述它和主人的故事。每条短视频都以"我是哈士奇"开头，然后以狗的视角叙述一些生活中司空见惯的小事，结尾会加入一些反转。画面或温情感人，或让人忍俊不禁，让观众不禁对这只会讲故事的哈士奇上瘾。

6. 侧重科普类内容

目前的宠物类短视频大多以娱乐类内容为主。但最近也有人开始尝试创作科普类内容。随着养宠成为一种潮流，人们对养宠知识的需求也越来越大。例如，抖音上的一些账号运营者与宠物医生合作，向观众普及养宠常识及不同事件的处理方式，吸引了很多养宠新人的关注。

B站上的某宠物博主则选择了科普与娱乐相结合的内容形式。在视频中，该博主既分享自己的养宠日常，晒出宠物的可爱行为，还会定期为观众科普养宠知识，并以自己在养宠过程中遇到的问题为例进行说明，非常有说服性。与纯娱乐类视频相比，科普类内容的可看性和价值都更高。该博主还开设了线下店铺和淘宝店铺，销售宠物食品和玩具，吸引了很多忠实粉丝购买。

第 9 章

多渠道推广，点燃粉丝热情

要想做一个"爆款"短视频账号，创作者还要学会灵活运用推广策略，将短视频账号全方位推广出去，吸引更多的新粉丝。

9.1 4 种常见的推广渠道

常见推广渠道有 4 种，分别是短视频平台、在线视频平台、社交平台、新闻客户端。

▶ 9.1.1 短视频平台

很多热门的短视频平台都拥有自己的算法机制，要想在这些平台上进行推广，创作者就要摸清各大平台的推广规则。以今日头条为例，视频发布后需要经历 4 个步骤才能进行推广，如图 9-1 所示。

其中，审核的目的是过滤掉不符合规范的内容，如敏感内容或暴力色情内容等。消重是指删除重复内容，也就是说搬运类的短视频已经越来越没有市场，

短视频：新时代红利重构

套路标题和蹭热点的内容也会被平台拒之门外。推荐是指先根据视频关键词等将内容推荐给小范围内的相关用户，等点击量增长后再将推荐范围逐渐扩大。

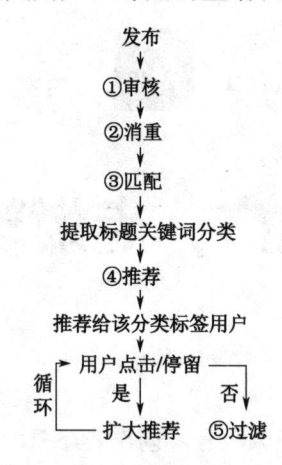

```
              发布
               ↓
             ①审核
               ↓
             ②消重
               ↓
             ③匹配
               ↓
         提取标题关键词分类
               ↓
             ④推荐
               ↓
         推荐给该分类标签用户
               ↓
      ┌──→ 用户点击/停留
     循              
     环   是↓        ↓否
      └── 扩大推荐   ⑤过滤
```

图9-1 今日头条推广的4个步骤

要想让自己的内容获得平台的推荐，创作者应注意以下两点。

1. 选择适当的关键词，帮助系统选准用户

关键词应尽量选择与短视频内容相关的实词。例如，如果短视频的内容与小米手机有关，那么标题中最好出现"小米"两个字，有助于系统准确定位用户。对于那些普适性的词语，尽量不要出现在标题中，否则会造成定位模糊，浪费标题中的关键词。全国范围的推送应避免出现具体的地名，地方范围的推送则相反。这些都是值得注意的关键词选择小技巧。

2. 抓住视频发布后的"冷启动"

"冷启动"就是在短视频发布后2～3小时内系统向少部分用户推荐的试验时期。短视频创作者可以选择在午饭后或下班后这样的时间点发布短视频，从而获得更高的点击率，在"冷启动"时期赢得足够的热度和流量，从而获得更多的推荐。

由此可见，要想在短视频平台渠道上获得更多的流量就要了解其系统规则，

这样才能有的放矢实现流量和关注的双重突破。

▶ 9.1.2 在线视频平台

除了短视频平台，一些比较主流的在线视频平台也可以成为推广短视频账号的有效渠道。而且这类平台的具体操作与短视频平台大同小异，没有本质上的差别。

例如，创作者可以去评论优酷、爱奇艺、腾讯等在线视频平台上的热门视频，让喜欢这些热门视频的人知道创作者的短视频账号，进而成为创作者的忠实粉丝。这个方法不仅可以让创作者的短视频账号得到广泛传播，还可以使转化的粉丝越来越多，并逐渐形成指数级增长。

总之，短视频平台与在线视频平台都可以帮助创作者推广自己的短视频账号，只不过在评论时需要针对不同的视频准备不同的话术。具体来说，如果是评论热门电影，最好总结出一些充满吸引力的个人观后感；如果是评论热门短视频，则不必那么正式，想到什么就评论什么即可。

▶ 9.1.3 社交平台

短视频创作者在进行短视频推广时，不应局限于短视频发布平台，可以选择多平台同时推广，以获取更多的用户。在社交平台上进行同步推广可以起到更好的效果。以微博为例，微博平台信息传播速度快，关注度高，可使信息在短时间内获得较高的曝光度。

微博的大部分功能都是一对多模式的，由博主发布微博，在粉丝中产生互动。基于这个特点，短视频创作者可以开设一个自媒体账号，用于日常发布短视频，与用户互动。用户的转载能迅速提高视频的传播量，也能不断扩大用户群体的范围。

除此之外，短视频创作者还可在微博上采取转发抽奖、回馈用户的方式来吸引用户加入互动，从而不断活跃粉丝群体，对其进行筛选，最终留下忠实用户，为短视频变现打下基础。转发抽奖是一种很有效的微博运营活动，当越来越多的普通用户加入活动时，就会形成长尾效应，如图9-2所示。

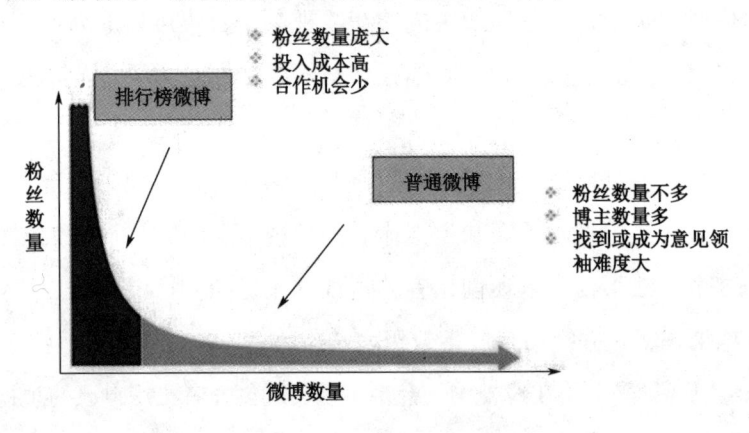

图 9-2　微博的长尾效应

长尾效应就是用极小的成本换取较大经济价值的一种效应。知名博主粉丝数量庞大，影响力大，长尾效应也较大，但合作成本高，短视频创作者很难与其达成合作。而利用转发抽奖引起普通用户的关注，也能吸引用户关注，形成长尾效应。虽然前期也需要消耗一定的成本，但是最后获得的经济价值相当可观。

9.1.4　新闻客户端

通过新闻客户端投放短视频也是一种较为便捷的短视频推广方式。新闻客户端的短视频主要靠系统推荐获得，系统使用大数据根据用户的喜好进行个性化推荐，并根据账号的权重对推荐量进行分析。也就是说，视频的转发量和评论量需要有一个较为稳定的平均值，因此即使某个视频达到几十甚至数百的点击量，但如果平均值较低，推荐量也不会太高。

因此，在创作短视频时，创作者可以从账号的用户定位、视频内容选择、视

多渠道推广，点燃粉丝热情 第9章

频采集方法和标题等方面进行设计，增加自己在新闻客户端上的权重，从而获得更多的推荐。

1．准确的用户定位

准确的定位就是打造一种固定的风格，让用户在想到创作者的短视频账号时就会自觉联想到账号的内容。以今日头条为例，系统会根据账号的风格进行推荐，账号的风格越清晰，被推荐的概率就越大。

有些短视频账号就是因为没有对自己进行准确的定位，没有形成自己的风格，美食、旅游、综艺、音乐等内容全都发，最后变成"大杂烩"，内容的垂直度降低，系统的推荐率就会降低，用户的订阅率也不会太高。

例如，今日头条的视频推荐中，排名前几位的视频订阅号的风格都是统一的。一个订阅号下几乎所有的视频都和脱口秀有关，而另一个订阅号发布的内容全都是爆笑喜剧的片段节选，风格明显。

2．视频内容选择

除了明确自己的风格，在内容的选择上也要做好用户区分，尽量做到视频内容与用户的兴趣相关。很多用户都希望看到与新闻、情感、娱乐、体育、历史相关的内容。短视频创业者只需要选择其中一两个点深入挖掘下去，让用户对内容产生共鸣，持续关注账号，就能提高视频的点击量、收藏量和评论数。

3．视频采集方法

视频采集应该从还没有被别人发布的视频入手，重复他人发过的视频很难获得系统的推荐，用户也会觉得缺乏新意。例如，很多短视频创作者都会从热门影视剧中截取一些片段，但由于重复者多，很难做出特色。一些大型网站，像央视网的纪录片可以提供很多优质素材，而且更新较快，检索也比较方便，如图9-3所示，创作者可以从中选取优质素材。

短视频：新时代红利重构

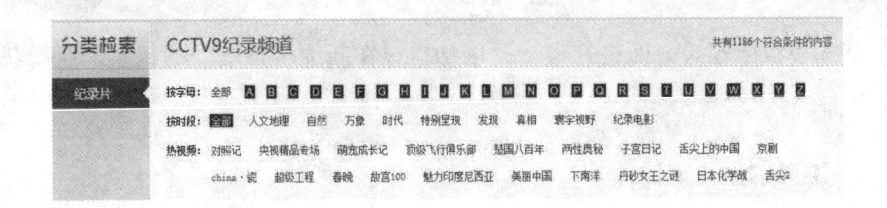

图 9-3　央视网的视频素材

5. 制定吸引人的标题

要想让标题吸引更多的用户，需要注意以下三点。

（1）选择痛点话题。例如，有两个短视频标题，一个是"男女吵架，为什么太太气得半死，先生却已经呼呼大睡"，另一个是"人类的大脑有 90% 未开发，只开发了 10%"。显然，第一个标题内容与用户生活关联度高，也更"接地气"，所以能获得更多关注。

（2）选择用户基数大的话题。例如，"大脑开发"这个标题的受众通常是对科学感兴趣的人，人数相对较少，而情感类标题的受众范围显然更宽。

（3）反复打磨、优化标题。例如，从长视频中截取短视频并制定标题，可以分三步。第一步，观看长视频，筛选关键词，记录 20 个左右的关键词。第二步，再次观看长视频，从 20 个关键词中筛选出 10 个。第三步，根据最终的短视频内容，将关键词确定为 2~3 个，据此制定相关标题。

总之，短视频创作者可以先明确自己的定位，找准风格，再选择视频内容，制定吸引人的标题，从而提高账号在系统中的权重，提高新闻客户端的推荐力度和用户的点击量。

9.2　推广"潜规则"

除了选择推广渠道，创作者还要掌握推广策略，有针对、有计划地完成推广，

多渠道推广，点燃粉丝热情　第9章

从而让推广达到一击必中的效果。

▶ 9.2.1　按照自己的属性选择推广渠道

在点击量相同的情况下，规模较大的短视频平台的收益明显高于规模较小的短视频平台，并且较大的短视频平台对原创视频还有相关的扶持政策，这一点对高质量的原创短视频创作者拥有很强的吸引力。但是短视频创作者也不能一味对准大平台，还应根据自己的属性选择最适合的短视频平台。

"日食记"是一个创作美食类短视频的账号，每期节目都展示了一个全新的菜式的做法，用户非常喜欢该账号传递出的热爱生活的情怀。日食记凭借唯美的画面和精良的制作受到越来越多用户的喜爱，目前已拥有成熟IP和大量粉丝，因此，它选择在日食记公众号、微博公众号、爱奇艺、今日头条等大型视频平台或新闻客户端进行节目投放，如图9-4所示。

图9-4　日食记在爱奇艺更新的视频

通过这些大型平台的宣传和推广，日食记的人气节节飙升。早在2017年，日食记就获得了千万元的融资，近两年在美食节目的深耕中挖掘了更多深意，为观众呈现了许多更好的作品。

除了日食记这样大制作的IP之外，自媒体网红同样也可以根据自己的属性特点选择合适的短视频平台。一位"80后"农民就凭借在抖音上介绍自家农产品和乡村生活，成功实现丰厚的收入，还带动了当地老乡发家致富。

119

短视频：新时代红利重构

家乡的水果滞销，她便拍摄百香果、香橙、荔枝的视频到抖音、快手等短视频平台，在这些短视频平台的传播下，橙子在一周之内卖出了 8 万斤，销售渠道也稳定下来。随着名气的日渐上升，西瓜视频和今日头条都转发了她的视频，以帮扶"三农"项目。她摘水果寄给粉丝的视频也很快在各大网站上获得了超高的点击量。

综上所述，短视频账号运营者需要在明确自身定位的基础上，选择适合自己的推广渠道。自媒体创作者可以先选择抖音、快手、美拍这样的短视频平台进行视频投放，待积累了一定的人气后，再提高视频质量，打造出属于自己的 IP，再到其他平台进行视频投放，从而达到最佳的传播效果。

▶ 9.2.2　垂直平台一定要明确节目定位

短视频创作者根据内容选择垂直平台投放也可以在一定程度上提高用户的关注度，但创作者一定要明确节目定位，在垂直平台上发布与平台定位相符合的内容。例如，文艺、潮流类题材可以投放到一条平台；微电影或人物传记式的小视频可以投放到二更平台；美食、搞笑类内容则可以投放到美拍平台。总之，选择适合自身内容的平台进行视频投放，可以取得更好的效果。

某电影解说节目以"新闻联播"男女主持人解说的形式对相关的电影主题进行解说和调侃，受到了不少用户的喜爱，甚至经常发生用户催更的情况。该节目选取"请收起你的表情包""萝莉有三宝"这种充满趣味性的话题，再融合幽默的原创文案和独特的解说方式，很快就发展成为知名 IP。

在投放平台的选择上，该节目选择 B 站这种有大量影迷基础的视频网站，并且配合微博宣传号的定期视频，从而吸引了很多电影爱好者关注节目。

罐头视频是以介绍生活技能见长的自媒体短视频，视频内容通常是"DIY 创意花瓶""干货泡发攻略""温泉的正确打开方式"等这种"接地气"的内容，为不少网友解决了生活中的问题，如图 9-5 所示。

多渠道推广，点燃粉丝热情 **第9章**

图 9-5 罐头视频"工匠实验室"栏目

罐头视频凭借其生活气息浓厚、栏目种类齐全、更新频率快的特点，在搜狐的自媒体平台上申请了单独的营销号，既可以获得搜狐这种大平台的技术支持，也可以在推广过程中聚揽不小的人气。

综上所述，大平台的资源较好，但门槛较高；小平台入门容易，但想做出特色不容易。短视频创作者可根据自身视频内容的特点选择合适的平台进行投放，争取获得更高的人气。

▶ 9.2.3 把握推广目的，设计传播侧重

短视频的推广目的和品牌的推广目的类似，都是让用户加深对自己的认识，避免同质化竞争，提高用户的关注度，增加账号的无形价值等。明确了推广目的，平台的选择就简单了。

奢侈品服务平台寺库的推广目的就是尽快提高自己在中国市场的知名度，打开销路。因此，该品牌选择了抖音作为投放平台，在很短的时间内，不仅提高了用户转化率，还拉近了用户和品牌之间的距离。

#给你全世界的美好#挑战赛，就是寺库在抖音上发起的一场大型互动广告活动，如图 9-6 所示。寺库利用自己品牌的标志黄盒子，玩出了新意十足的抖音广告，该广告挑战赛最终以超过 15 万人的参与人数刷新了纪录，此前这个纪录的保持者是 OPPO，它曾经创下 12.4 万人的参与人数。

121

短视频：新时代红利重构

图 9-6 #给你全世界的美好#挑战赛

对寺库来说，抖音平台的选择至关重要。无论是品牌贴纸与视频录制的结合，还是借助关键意见领袖（Key Opinion Leader，KOL）影响力进行爆炸式扩散，抖音平台无疑都是最好的选择。因为抖音拥有不同于传统平台的沉浸度极强的表达方式，从开屏广告、信息流广告、贴纸广告到与达人合拍作品，寺库充分利用了抖音平台上的一切有利资源，在品牌展现上获得了空前的成功。

正是凭借对推广目的精准把握和推广平台的正确选择，寺库才得以将品牌文化与抖音平台完美结合，最终实现了惊人的营销效果。

9.3 刺激用户"自传播"

推广的最高境界就是"不推广"。好的推广是不留痕迹的，作品本身就自带话题和吸引力，可以刺激用户主动分享、传播。

▶ 9.3.1 分享有礼，满足用户的"占便宜"心态

乔然是某短视频账号的创作者，同时也会通过短视频进行产品销售。因为她精通化妆技巧，所以她在短视频中推销的产品多为化妆品，产品品类比较单一。同时，由于化妆品的单价比较高，通过短视频下方链接下单的消费者并不多。为了激发消费者的购买热情，乔然决定在直播间发放产品优惠券。

在接下来的一条短视频中，介绍完一款美白精华后，乔然发放了美白精华的10元优惠券，同时又发放了化妆品店铺的满减优惠券。该优惠券适用于店铺中的全部产品。此外，乔然又向观看短视频的用户说明了分享领取优惠券的规则，即邀请一位好友关注短视频账号后就可以获得额外的产品优惠券。在这条短视频中，乔然发放了大量的产品优惠券，最终使本次销售额比平时上涨了50%，这让乔然十分高兴。

发放产品优惠券这种分享有礼的推广方式实行起来几乎没有成本，并且发放的对象也是关注短视频账号的粉丝，实现了精准投放。粉丝在创作者介绍和产品优惠券的双重吸引下更容易下单购买。

分享有礼能够激发用户的"占便宜"心理，有些用户即使购买意愿不强烈，也可能在优惠券的刺激下冲动消费、参与活动。以实际的利益为驱使，是一个极易刺激用户进行自传播的方式，而且这种方式成本较低，操作简单，还很容易吸引用户进行二次消费，非常适合创作者提高账号知名度、宣传产品。

▶ 9.3.2 帮助用户进行自我表达

如今的流量争夺战导致营销成本越来越高，以往那种靠大量做广告制造声势、吸引用户的方法已经不可取了。在消费主权时代，产品应该以用户为中心，用户

短视频：新时代红利重构

主动传播带来的影响力，是做多少硬广告都无法比拟的。

大多数短视频创作者刺激用户主动传播的方式都是福利诱导，然而送福利这件事本身并不长久，创作者花大价钱抢来的用户，不仅无法确定他们的精准性，还无法保证他们的留存率。那么，除了福利诱导，创作者还可以用什么方法来刺激用户主动传播呢？

电影《小猪佩奇过大年》宣传片讲述了一位农村老人听说儿子一家要回老家过年，但孙子说想要"佩奇"，于是山里的爷爷就开启了他的寻找"佩奇"之旅。短片中的爷爷制造了各种误会和搞笑，在历经了一番波折后，终于一家团聚，爷爷拿出了自己为孙子准备的粉红色鼓风机版的小猪佩奇。短片最后一句话点题，"过年一定要看《小猪佩奇过大年》"。

这个短片一经推出，便在各社交平台广泛传播，网友纷纷表示，明明知道这是广告，却还是被感动哭了。这是因为该短片紧贴"亲情"主题，在春节期间投放，引起了观众的广泛共鸣，让观众产生情感认同，从而主动去分享自己的心得体会。

即便在没有社交媒体的20世纪70、80年代，也有许多产品被大众口口相传。这说明流行的事物都带有一些让人主动传播的因素，只要把它们提炼出来，就很容易引起用户的共鸣，用户主动传播的概率也会大大提升。

1. 社交货币

沃顿商学院教授乔纳·伯杰在《疯传》一书中是这样解释社交货币的："就像人们使用货币购买到商品或服务一样，使用社交货币能够获得家人、朋友和同事的更多好评和更积极的印象。如果产品和思想能使人们看起来更优秀、更潇洒、更爽朗，那这些产品和思想自然会变成社交货币。"

简单来讲，如果产品能满足人们树立形象和炫耀身份的需求，那么它就会成为社交货币，被人们主动传播。有3种方式可以铸造社交货币，如图9-7所示。

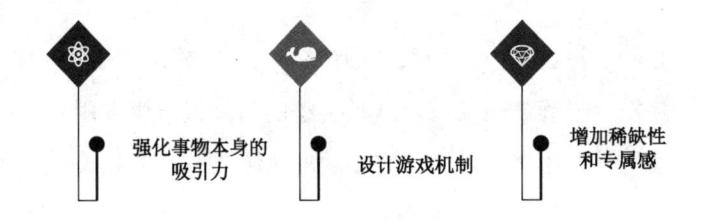

图 9-7　铸造社交货币的 3 种方式

（1）强化事物本身的吸引力。一种产品要想被人们记住并让人们主动传播，就必须具备独特的吸引力，要让人眼前一亮，打破人们的思维定式。例如，戴森卷发棒不同于传统的卷发棒，既可以自动卷住头发定型，又有气流可以同时吹干头发。该产品一经推出，就受到了广大爱美人士的追捧，主动将这个"黑科技"分享到社交平台上。

（2）设计游戏机制。"王者荣耀"这款游戏为什么会受到玩家的欢迎，甚至让人一玩就好几个小时？原因就在于其对游戏规则的设计，排位、新皮肤等机制可以证明玩家在游戏中取得的成就，这为玩家提供了在朋友圈炫耀的资本，使他们可以实现炫耀自己身份的目的。

（3）增加稀缺性和专属感。如果某种产品很难买到，消费者就会认为这种产品拥有很高的市场价值，从而产生激烈的争抢行为。同时，如果消费者买到了，就可能会积极地将这一信息传播出去，让自己显得更加优秀。

2．高唤醒情绪

在构思营销内容时，营销人员经常会遵循一个叫作"引发消费者共鸣"的原则。因为情感认同更容易激发人们分享的欲望，从而把产品变成人们的谈资。

情绪分为积极情绪和消极情绪，这两种情绪可能会提高人们分享的欲望，也可能会破坏人们分享的欲望。判断一种情绪是否会带来分享欲望，主要看这种情绪是否具有"唤醒"效果，唤醒效果是指一种情绪是否具备唤醒人们内心某种情绪的作用。

用户的情绪可分为高唤醒情绪和低唤醒情绪两种类型。高唤醒情绪包括敬畏、幽默、担忧、感动、惊喜等,这种类型的情绪可以引发用户主动传播;低唤醒情绪包括满足、轻松、平静、寂寥等,这种类型的情绪很难引发用户主动传播。

例如,歌曲《说好不哭》刺激了许多"80后""90后"听众的高唤醒情绪,如感动、兴奋等,于是这些听众不约而同地在朋友圈发表自己对这首歌的感悟,使这首歌上线仅2小时销售额就突破了1千万。

3. 可视的事物

当你来到一个陌生的地方想找一家餐厅就餐,却不知道如何抉择时,一般都是直接选择一家人气兴旺的餐厅。这种现象被称为"社会证明",人们在日常生活中的很多决定都是模仿别人做出的,因为别人掌握着自己不知道的信息,所以他们的行为可以作为参考。

可视的事物更容易激发人们行动的欲望。有两种方法可以让事物具备可视性,一是将私人信息公开,为他人的选择标示一个公开的标准;二是创造行为剩余,让他人主动模仿自己的行为。

近年来出现了许多网红景点。例如,有人在朋友圈分享了重庆穿楼而过的轻轨奇观,于是无数旅游爱好者纷纷前去打卡,使该景点迅速蹿红。其实,这些网红景点大部分在火起来之前就存在,只不过社交媒体让它们具备了更强的可视性,从而引发了人们的效仿和传播。

第 10 章

巧用营销：只有主动出击才能脱颖而出

随着短视频账号的知名度逐渐提高，创作者不可避免地要面临接广告、推广产品等营销工作。创作者应掌握正确的营销方法，尽可能增强短视频的变现能力，给产品带来更好的销量。

10.1 以正确的方式推广产品，才能事半功倍

在短视频内容中推广产品，几乎是每个创作者都会做的事。但创作者不能只是单纯地打广告，不然会影响口碑，造成粉丝流失。

▶ 10.1.1 选择与短视频定位相符的产品

在短视频营销中有一个非常重要的环节——对品类进行切割，通俗来讲就是选择所要销售的产品。对每个创作者来说，选择产品的过程，也是判断自身商业

逻辑是否合理的过程。如果商业逻辑不合理，那实行起来就会非常困难，如此一来，就会对产品的销售产生影响，打造"爆款"产品更是无从谈起。

但是，选择产品并不是一件简单的事情，不会选择产品的创作者大有人在。在这种情况下，学会选择产品就成为当务之急。那么，具体应该怎样选择产品呢？需要从 4 个方面着手，如图 10-1 所示。

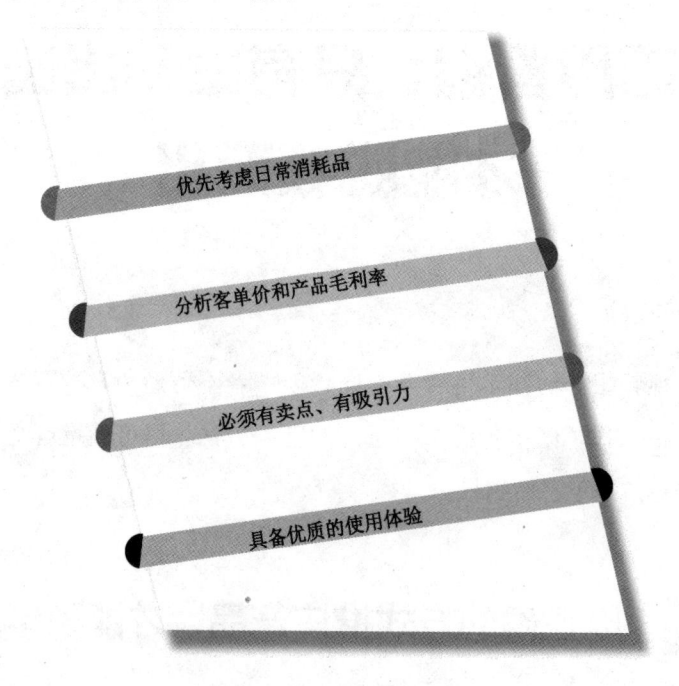

图 10-1 选择产品的 4 个方面

1. 优先考虑日常消耗品

在选择产品时，应优先考虑日常消耗品，因为日常消耗品人们用完了还会再次购买，而那些比较冷门的产品，大多数人可能连用都用不上，更不会重复购买。由此来看，选择日常消耗品进行销售，是保证回购率的一个绝佳手段。从目前的情况来看，化妆品、日化类产品、衣服鞋帽、干货特产（尽量选择生鲜和保质期长的产品）、奢侈品、婴幼用品、保健品等都是不错的选择。

巧用营销：只有主动出击才能脱颖而出 第10章

2. 分析客单价和产品毛利率

据相关调查显示，客单价 50~200 元的产品比较容易销售出去，如果价格高于 200 元，人们在进行消费决策时就不会太随意，从而影响产品的顺利销售。另外，通常情况下，毛利率在 30% 以上的产品会有较大的盈利潜力，但需要注意的是，那些毛利率特别高的产品不能选择。例如，某款产品的成本只有 10 元，价格却定为 1 000 元，这样暴利的产品怎么能销售出去呢？即使真的销售出去了，也不能维持长时间的经营。

3. 必须有卖点、有吸引力

有卖点的产品通常会吸引大多数人的注意，这一点是毋庸置疑的。以销售口红为例，如果只是普通的口红，根本没有任何卖点。而且在商品经济十分发达的今天，买东西已经变得非常方便，网上可以买，超市也可以买，消费者为什么非要通过短视频购买一支普通的口红呢？

但是，如果把普通的口红变成滋润型口红，情况就会有所不同，正是因为多了"滋润型"这个卖点，口红的吸引力就会大大提升，口红的销售量也会大大提高。

4. 具备优质的使用体验

产品只有具备优质的使用体验，才能树立良好的口碑，占领人们的心智。目前，有些产品被过度吹捧，价格也特别高，但使用体验并没有那么优质。这样的产品不仅不能成为爆款，还会让人们对品牌甚至创作者产生不好的看法。

因此，创作者在选择产品时，必须提前体验产品，充分了解其优点和缺点。除此之外，还要对产品的卖点和吸引力进行判断，看它是不是真的能够解决人们的某些痛点，然后决定是否选择这款产品。

上述 4 个方面可以帮助创作者选择合适且易于销售的产品，只有这样的产品才更容易成为爆款。把产品打造成爆款以后，创作者的账号会被更多人熟知，粉

短视频：新时代红利重构

丝数量会急剧增加，收益也会越来越丰厚。

▶ 10.1.2 充分利用短视频的特性展示产品

通常情况下，选择好产品以后，创作者还需要在短视频中展示产品的特征。虽然短视频的创作需要遵循一定的步骤和思路，但是如果产品本身具有非常强的可玩性和话题性，而且特征鲜明，那创作者就可以直接将其展示出来，省去那些不必要的步骤。

火锅神器曾在快手上迅速走红，该产品的特征是方便快捷，可以自动升降，把已经涮好的食物全部展示出来，如图10-2所示。这对喜欢吃火锅的人来说简直太有吸引力了，很多人都纷纷评论："吃火锅变得这么方便，真的是太棒了。"

图 10-2　火锅神器

火锅神器为什么能走红？首先是因为这款产品本身就具有非常强的话题性，很多人在吃火锅时都会遇到"捞不起来"的问题，而火锅神器的自动升降特征有效解决了这一问题，而且各个火锅店在自己发布的视频中也是直接展示了这款产品，引来了一大批人围观。

巧用营销：只有主动出击才能脱颖而出　第 10 章

由上述例子可知，只要产品具备吸引力，那么直接将产品的特征展示在视频中就是一种好的营销策略。毕竟喜欢刷短视频的人大多都拥有十分包容的心态，而且非常愿意了解并接受新奇、有趣的事物。可以说，在短视频中"展示产品特征"具有得天独厚的优势，是最普遍的营销手段，也是每个短视频账号都要掌握的一项营销技能。

另外，在展示新产品特征时，创作者还可以选择相似的旧产品与其进行对比，这样不仅有利于展示新产品的优势，还可以帮助消费者了解新产品。如果消费者没有充分了解新产品，很可能更愿意选择自己比较熟悉的旧产品。

因此，为了充分证明新产品在某些方面要优于旧产品，直接将两种产品的对比过程展示在视频中，可以让人们对新产品的特点一目了然，从而促进产品的推广和销售。

▶ 10.1.3　放大产品优势，激发用户购买欲

在购买产品时，人们最关注的是产品的优势，因此，要想激发人们的购买欲，就要在视频中放大产品的优势。这里所说的"放大产品的优势"是指对产品的某个或某几个独有的特点，用夸张的方式呈现出来，以此来加深人们的记忆。

在一条宣传宝马 3 系 GT 这款汽车的视频中，为了突出该产品"空间大"的优势，创作者设置了这样的画面：在宝马 3 系 GT 里直接"藏"了 12 个人，然后让他们依次从车里走出来，很多人看完视频都感到非常吃惊，并且留下了深刻的印象。

凯迪拉克某款汽车有一个"一键开启中控隐秘的存储空间"的优势，某汽车销售商将这个优势与"藏私房钱的最佳位置"联系在一起，拍摄了一条如何在凯迪拉克隐秘的存储空间内藏私房钱的视频。该视频把"隐秘的存储空间"这个优势不断地放大，不仅促进了产品的销售，还获得了大量的点赞和转发，引起了网

友的热议。

将产品的优势无限放大，制造噱头，引发人们的好奇心，然后将产品与热门话题相联系，可以为创作者带来大量的支持和关注。不过，在选择产品的优势时，必须把握好数量，一般一条视频展示 1~3 个优势比较合适，可以给观众留有一定的想象空间。

▶ 10.1.4 推销自己与推销产品同样重要

很多人认为，营销就是推销产品，短视频营销就是在短视频中推销产品。但事实并非如此，在推销产品的同时，创作者也应该把自己推销出去。作为营销中不可缺少的一部分，推销自己有非常深刻的意义，具体可以从以下几个方面进行说明。

（1）推销自己是一个树立良好形象、增添个人魅力和吸引力的过程。从另一个角度来说，推销自己也有利于为品牌打造良好的信誉和口碑，进而增强人们的信任。

（2）推销自己可以对他人的行为产生影响，创作者可以在此基础上通过某些手段和方式去实现一定的目的。

（3）当把自己推销出去以后，创作者可以获得良好的人际关系，这不但有利于品牌的发展，还能够形成更加多维的销售网络。

（4）作为一种成功的策略，推销自己可以帮助创作者成功地开展营销活动，保证各个环节的正常进行。与此同时，还可以进一步促进销售，让收益更加丰厚。

由此可见，在营销过程中，创作者一定要记得把自己推销出去，这项工作无论是对短视频账号还是对产品或品牌来说，都非常重要，绝对不能忽视。要想将这项工作做好，创作者可以把自己的日常生活或事迹展示在视频中。

雷军刚开始做红米手机时，非常希望能够带动国内的产业链，因此红米手机全部使用了国内配件。不过，在第一批产品生产出来以后，他发现这一批红米手机根本达不到预想的使用标准，不仅上网速度慢，而且特别卡。

更麻烦的是，当时消费者已经预定了 40 万台红米手机，如果不卖的话，就要损失上亿元。经过一段时间的认真思考，雷军还是觉得不能卖，但是，如此巨额的损失对处于发展初期的小米公司来说是一个很大的打击。后来，雷军通过与供应商的深入沟通和交流，最终将损失降到 4000 万元。

不难看出，为了让红米手机的质量更好，雷军付出了金钱上的代价，如果可以把这个事迹用视频展示出来，并发布到短视频平台上，人们就会对雷军产生敬佩之情，也会对红米手机产生更加强烈的信任和喜爱。

无论是在工作中还是在生活中，雷军都崇尚极致、完美，于是，一大批同样崇尚极致、完美的人们开始加入他的阵营，成为红米手机的忠实用户。由此可见，把雷军推销出去，就相当于把红米手机推销出去，两者相辅相成。

10.2 老粉丝有大潜力

创作者要想让营销有更大的突破，离不开老粉丝的支持。一些老粉丝在圈子里待的时间久，有一定的影响力，如果运用得当，可以让他们带动其他普通粉丝做出决策。

▶ 10.2.1 KOL 衍生出圈层文化

在新时代，品牌如果想通过短视频平台进行营销，就必须对圈层文化有深刻的了解。因为只有知道了目标人群所对应的圈层，才能更好地"对症下药"，创作出他们感兴趣的内容和话题。一般来说，圈层文化具有三个比较明显的特征，分

短视频：新时代红利重构

别是原创、年轻、活跃，其传播往往以内容为主导，并呈散点式不断扩大，进而形成圈层效应。

实际上，绝大多数消费者都会更加青睐理解他们的品牌，所以，在营销过程中，创作者不仅要重视对话性、互动性，还要进一步体现自己的差异化、识别度。如此一来，消费者才会用一种能够持续很长时间的积极情绪来看待产品，而短视频恰恰为这种情绪提供了一个非常合适的平台。

哈尔滨啤酒曾在快手上进行了为期 5 天的营销活动。首先，挑选出 5 位拥有强大粉丝基础的 KOL。然后，根据他们的特点创作出与产品相契合的内容。最后，以原生广告的形式在快手上进行大规模投放（主要针对黑龙江省）。

从表面上看，上述 5 位 KOL 的风格并不相同，但他们的粉丝大都来自东北地区，所以与哈尔滨啤酒的区域性策略高度契合，更重要的是，他们的风格也与哈尔滨啤酒的调性十分搭配。以《就是要燥》这一条视频为例，视频中一个凭借街舞走红的 KOL 将哈尔滨啤酒与拉盖动作完美地融入街舞动作中。

作为 KOL，本身就"身怀绝技"，再加上其强大的粉丝基础，很容易就能够带动产品的传播和销售。据相关数据显示，哈尔滨啤酒的此次营销活动取得了非常不错的结果，视频总播放量达到 2 111 万次，吸引了 932.6 万人的关注和参与，获得了近 1 000 个二次创作视频。

毋庸置疑，每个人都会对发生在自己身边的事情非常感兴趣，哈尔滨啤酒就利用了这一点，通过那些拥有明显的地域性和强大影响力的 KOL，实现了新产品的推广和宣传。当然，这也从一个侧面表现出，哈尔滨啤酒确实对圈层文化进行了深入的了解和研究。

在各大短视频平台中，一个品牌只要能体现出自己的个性、新颖和创意，就很容易引起广泛的认可。这种认可也能够直接带动海量网友的跟风、模仿，从而使品牌获得更加广泛的传播和推广。

通过 KOL 与粉丝的深度互动，哈尔滨啤酒与自己的目标人群建立了非常亲密的关系，同时还赢得了一大批快手用户的青睐。总的来说，哈尔滨啤酒的营销活

巧用营销：只有主动出击才能脱颖而出 **第10章**

动有新意、有创意，取得了非常显著的效果。其操作步骤可总结为：首先，通过 5 位 KOL 引爆快手；然后，利用 UGC 内容跟进，实现与目标人群和快手用户的交流；最后，突破圈层，力求对更多消费者产生影响。

在短视频越来越火爆的当下，短视频的确是品牌与消费者产生联系的最佳选择之一。因此，创作者应该牢牢把握住机会，这样不仅可以使营销活动获得"1+1>2"的效果，还可以大幅度提升自己的知名度和影响力。

▶ 10.2.2 推出衍生产品

在当下这个产品同质化越来越严重的时代，相似的产品大量涌现，各品牌之间的竞争变得异常激烈。对此，创作者可以尝试从衍生产品入手，即在短视频中宣传原生产品的同时，推出一些与原生产品相关的衍生产品，为人们提供更丰富的选择。

在这一过程中，创作者需要以原生产品为基础，使其与衍生产品深度融合，一定不可以偏离主题。例如，如果创作者的原生产品是某款香水，那么除了这款香水，所有与之相关的产品，如沐浴露、香皂、精油等，都可以在短视频中进行大力推广。这样不仅可以使品类得到拓展，还可以提升品牌的竞争力和影响力。

众所周知，小米的原生产品是手机，但是在小米官网发布的视频中，还出现了很多手机之外的衍生产品，如赛车米兔、照片打印机、日光镜、电暖器、键盘等，如图 10-3 所示。借助短视频，这些衍生产品可以得到很好的宣传，被更多人了解和熟知。

不难看出，借助短视频推出衍生产品也是加强宣传和推广的方法，但是在使用这个方法之前，创作者需要对自己的品牌进行定位，明确优势和劣势，同时还要找到目标用户的真正需求，让衍生产品来满足他们的这些需求，从而推动整个营销的进程。

短视频：新时代红利重构

图 10-3　小米官网上发布的衍生产品

▶ 10.2.3　优质服务也可起决定性作用

通过短视频进行品牌和产品营销时，虽然重心在品牌、产品的宣传上，但是服务的重要性也不能忽视。对品牌来说，优质的服务可谓是座下良驹，占据了非常关键的地位，具体可以从 3 个方面进行说明，如图 10-4 所示。

巧用营销：只有主动出击才能脱颖而出 第10章

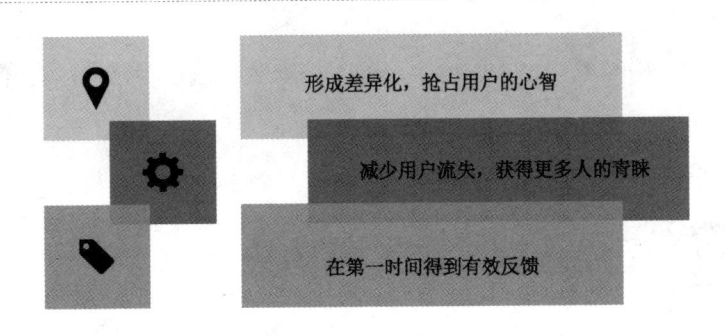

图10-4 服务的作用

- 形成差异化，抢占用户的心智
- 减少用户流失，获得更多人的青睐
- 在第一时间得到有效反馈

1. 形成差异化，抢占用户的心智

所有的营销者都应该知道，服务不只是核心竞争武器，还是形成差异化、抢占用户心智的重要手段。在短视频中，绝大多数品牌都在强调产品，但其实服务才是获得关注、吸引粉丝的"必备良药"。因此，一条用于营销的短视频除了要充分展现产品，还要品牌把所能提供的服务列举出来，这样才能增强人们的信任。

2. 减少用户流失，获得更多人的青睐

就目前来看，营销已经发展到以满足需求为中心的阶段。在该阶段，需求是所有品牌进行营销的出发点和落脚点。而在人们的需求中，获得服务是必不可少的一个，如果品牌能够满足这一需求，那就可以减少用户流失，让自己获得更多人的青睐，这对品牌的持续发展有着不可替代的作用。

3. 在第一时间得到有效反馈

品牌在提供服务的过程中，会得到各种各样的反馈，包括许多对自身发展有积极促进作用的忠告和建议。如此一来，产品在质量或性能等方面存在的缺陷和不足就可以被及时发现，从而为品牌的运营或产品的进一步优化提供新方向。

通过上述几个方面，创作者不难发现，在营销过程中，除了要保证产品的质量，还要重视优质服务的作用。因此，发布在平台上的短视频不能只展示产品，

还要适当添加一些与服务相关的内容，如上门安装、售后维修等，这样才可以真正为营销造势。

10.3 无痕营销才是"真功夫"

在内容为王的时代，短视频的内容永远是重中之重。如果创作者盲目地打广告，很容易消费自己的观众缘，导致口碑下降。因此，创作者要学会无痕营销，把广告和内容融为一体，让粉丝越看越上瘾。

▶ 10.3.1 内容为主，尽量淡化营销痕迹

在营销领域一直流传着这样一句话，"最高级的营销不露一丝痕迹，会给人一种所听所见十分真实的感觉。"以微信来说，自从微信出现以后，就在不知不觉中改变了人们的交流方式，在这一过程中，人们不仅没有任何不适，反而觉得生活越来越美好。

除此以外，团购也不声不响地出现在各大平台，不断激发人们的消费欲望。摩拜单车和哈啰单车以便利为先，一点一点改变了人们的出行方式，让越来越多的人愿意下载它们的软件并付费使用。

这些新兴事物流行以后，品牌获得了丰厚的收益，其自身的知名度和影响力也不断提升，营销效果更加显著。之所以能取得这样的结果，主要是因为这些品牌并没有将重点放在营销上，而是从细节入手，考虑自己的产品如何解决人们的痛点，如何为人们提供优质服务等问题。如此一来，营销就和人们产生了密切的联系，可以有效防止人们因为营销过度而对产品和品牌产生不满的情绪。

现在，很多人都不相信微商的产品，却在淘宝上购买过同样的产品；很多人都不喜欢电视上的广告，却在网上看过无数个类似的广告；很多人本来不愿意购

巧用营销：只有主动出击才能脱颖而出　第10章

买某个品牌的产品，却会因为代言人是自己的偶像而改变想法。

出现上述现象的一个主要原因就是，面对不同类型的营销，人们的想法和反应也不同。很多时候，人们除了心底那份对品牌的喜爱，还非常重视"真实性"，这种真实性能够直接给他们带来安全感，促使他们产生实际的消费行为。

人们在对真实性进行判断时，往往会动用自己已有的认知，而这里的认知又与价值观、营销有着非常密切的关系。以美妆品牌为例，有时候能让人们对某个品牌产生好感的并不是打折的口红和粉底，而是保湿效果非常好的面膜。

为人们提供实际的保湿效果就给了人们一种真实性，在这种情况下，这个美妆品牌可能都不需要费尽心思去搞营销、制造噱头，就可以得到很多人的喜爱。毕竟人们从中感受到了真真切切、实实在在的东西，并获得了精神上的满足，由此带来的营销效果会更好。

从本质上讲，营销就是找到核心竞争力，并将其发扬光大，这一点永远不会改变。当然，如果创作者能够在此基础上将品牌和产品深入化、场景化，那取得的成绩将更加亮眼。如今，各个品牌都在追求极致的"真实性"，越是能与周围的环境完美地融合在一起，让营销痕迹进一步淡化，营销的效果就越好。

利用短视频进行营销也是如此，如果视频中宣传产品、品牌的痕迹非常淡，人们就会自然而然地被"套"进去，而且不会有任何被强迫的感觉。例如，视频中有一个女生正在化妆准备去参加同学聚会，这时不管她使用哪个品牌的化妆品，只要随口说上一句"真的太好用了"，就被观看视频的人记住，从而实现毫无痕迹的营销。

在竞争日趋激烈的当下，力求真实、淡化营销痕迹成为一种非常有效的营销手段，可以说，只有痕迹非常淡甚至没有痕迹的营销才能跟上潮流，也才符合人们对短视频的观感。因此，在进行营销的时候，创作者一定要从细节入手，将宣传融入合适的场景当中，让人们在潜移默化中被影响、被改变。

10.3.2　反向营销能够带来意外收获

在德国，每年都会有很多书店丢失大量的书籍，为了提醒店员，书店会把这些丢失的书籍登记在表格上，然后公之于众。过了一段时间，某书店的一位负责人突然灵机一动，开始有计划地销售那些丢失次数最多的书籍，还在网上发布了一个特殊的榜单——"丢失次数最多的十大书籍"。

这个榜单一经发布，就战胜了其他书店各种各样的宣传手段，吸引了一大批人前来购买，榜单上的这十本书的销售量更是一路猛增，取得了非常好的结果。与此同时，这家书店也成了市场上为数不多的大赢家。

在这个故事中，这家书店凭借"丢失次数最多的十大书籍"榜单，打造了一次完美的销售，这就是反向营销的绝佳范例。所以，在进行营销时，与其喋喋不休地自卖自夸，还不如换一种思考方式，给人们营造一种独特感，从而促进产品的销售。

10.3.3　免费思维也能提高产品销量

在与目标群体建立信任之前，创作者可以利用免费思维来吸引他们。也就是说，如果他们不信任你，那就可以为他们免费提供产品，这样的做法通常没有太大的风险。人们使用产品以后，如果觉得好，自然而然就会与创作者建立信任，成为创作者的用户，并主动为创作者传播产品。

某短视频账号的运营者为了推广自己的口红，组织了一次优惠活动——奖励评论区点赞前十名的粉丝每人一只口红。如今，这款口红的销售量已经达到上万只，该短视频账号也被更多人熟知，吸引了一大批新的粉丝。

克里斯·安德森在其著作《免费：商业的未来》中指出，"所有品牌将不得不面对免费时代的来临，如果你想在数字经济领域抢占先机，就必须比你的

巧用营销：只有主动出击才能脱颖而出 第10章

竞争对手先做到让产品免费。"实际上，不只是在数字经济领域，在实体市场也同样如此。

现在，免费思维不仅是一种营销策略，还是一种已经被越来越多品牌所认知和广泛运用的商业模式。它不仅可以为品牌创造可观的收益，还可以打响品牌的知名度，提升品牌的影响力。

如果你仔细观察就会发现，超市里有免费品尝的食物、高铁上有免费阅读的杂志、电商平台上有各种各样的"秒杀"产品，这些全都是对免费思维的充分利用。可以说，利用免费思维建立信任，提高产品销售量，已经成为更多品牌的共识。

第 11 章

学会复盘：实现"弯道超车"

要想做出真正受人欢迎的短视频，创作者不仅要学会运营，还要学会复盘，时常检查自己的不足之处，在自省和对比中超越自我，获得更好的发展。

11.1 在挫折中前进

迭代思维是互联网时代常见的产品运营思维，即在发行产品的过程中不断地修正、迭代，直到产品趋于完美。运营短视频的运营也一样，要认清自己的短处，不断修正，这样才能做出更好的内容。

▶ 11.1.1 验证目标是否合理

创作者在创作短视频时会提前制定一个目标，这个目标是创作者努力的方向，引导创作者所有的行为。但是如果制定的目标不合理，就会出现很多问题，最终导致失败。

例如，第一天玩抖音的创作者就说自己第二天就能成为大 V，这显然是不现

学会复盘：实现"弯道超车" 第11章

实的，没有那么多天赐幸运的"一夜爆火"，那些抖音大 V 的成功都离不开背后营销团队长期的坚持和努力。"第二天成为大 V"就是目标制定得不够合理的表现，最终不仅得不到想要的结果，还会让自己的自尊心受挫，失去动力。

那么，什么样的目标才是合理的目标呢？一个合理的目标，应具备 4 个特点，如图 11-1 所示。

图 11-1 合理目标的特点

（1）一个合理的目标一定是可行的，即经过一定的努力是可以实现的。这样的目标不仅符合客观实际，还能让人们感到通过努力可以达到，使其既充满信心，又不敢掉以轻心，从而充分激发自身的积极性。

（2）一个合理的目标一定是灵活的，即具有一定的可调性。这样的目标能积极应对实施过程中可能发生的环境、条件变化，以及来自其他方面的随机性干扰。当环境发生变化时，既有适应变化的预备方案，又有临时应急的有效措施，使人们处于主动地位。

（3）一个合理的目标一定是有全局观的，即能够反映创作者的全面工作，体现团队的基本任务。既要着眼于未来，又要立足于现实；既要看到内部条件，又要了解外部环境等。通过综合分析多方面的情况，最后确定合理的目标，既可避免片面性，又能防止顾此失彼。

（4）一个合理的目标一定是实事求是的，即认清自身，结合自身现状制定合乎真实情况的目标，切勿好高骛远，得不偿失。

不合理的目标实施起来不仅浪费时间，还浪费人力、物力，最终导致失败的结果。因此，在制定目标时，创作者一定要结合以上 4 点仔细规划，避免制定出不合理的目标。只有这样，才有机会获得成功。

▶ 11.1.2 找出影响目标达成的原因

要想不断地完善短视频账号运营，创作者需要反复地反思自己的运营策略。因此，如果制定的目标没有完全达成，就要仔细分析，找出原因，以免在下次制定目标时再犯同样的错误出现纰漏。

通常目标未能完成的原因有 6 个，如图 11-2 所示。

设定的目标过高　　策略不当　　计划不当

执行者能力不足　　执行不当　　管控不严格

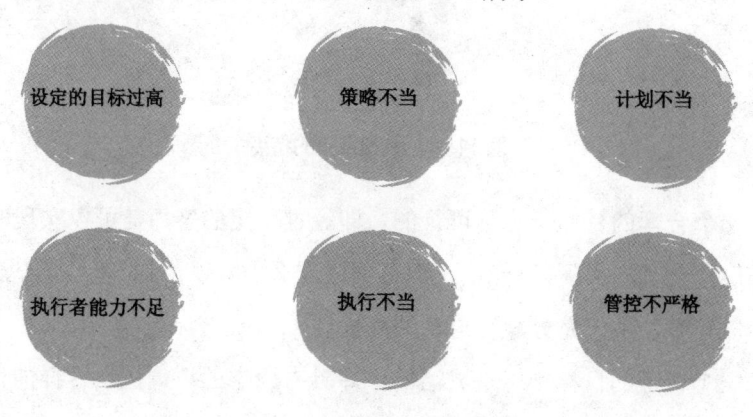

图 11-2　目标未能完成的原因

（1）设定的目标过高。也就是说，目标制定得不够合理，无论大家怎么努力，都没办法完成目标。因此，在制定目标时，一定要根据实际情况，切忌盲目夸大，但同时要注意目标应具有适当的挑战性。

（2）策略不当。也就是说，在完成目标的过程中，应用的策略有误差，或者并未针对目标制定有效的策略，从而对达成目标产生负面影响。

（3）计划不当。也就是说，制订的计划并没有"踩到点子上"，没有做到在合适的时间、合适的地点，让合适的人去做合适的事情。

（4）执行者能力不足。如果执行者水平低下，自然会造成达成目标的计划无法高效实施。因此，团队应为执行能力不足的员工提供培训，或者给予支持和辅导，帮助他们提高自己的执行力，从而完成目标。

（5）执行不当。通常来说，执行不当是影响目标达成的另一大因素。执行力不当是指员工做了，但并没有做好。例如，让员工去拍摄一条产品促销视频，他是去拍了，但只是走形式，根本没用心，导致拍出来的视频不能达成目标。

（6）管控不严格。在执行目标的过程中，如果没有进行有效的管控，就很容易造成管理失控，使实施者无法按照既定计划完成工作。因此，加强对员工工作的追踪尤其重要。

其实影响最终目标未能达成的原因远远不止这些，还有很多别的因素。因此，在达成目标的过程中，一定要及时复盘，找出影响目标达成的确切原因，尽量在下一次目标达成的过程中提前预测会产生负面影响的因素，进行有效的规避或解决，这样才会使目标及时完成。

短视频的运营是一个道阻且长的过程，需要从各个方面、各个角度进行复盘和对比，不停地优化、成长。在这个过程中，每一步都要反复锤炼，这样才能让短视频帐号运营达到最好的效果。

11.1.3 在对比中发现亮点和不足

复盘结束后，创作者可以将合理的目标与不合理的目标进行详细的分析比对，通过细致的探究，看看合理的目标有哪些亮点，不合理的目标有哪些不足。

通过这样的反复对比、反复优化得出的短视频账号运营方案，一定是可行的，通过这样一次次的尝试得来的经验和效果也是不可估量的。

而且通过对比，不难发现，合理的目标所带来的成效往往具有连续性。在目标合理的情况下，负责完成目标的团队成员明显更有斗志，对目标的位置更加明确,知道知道自己大概要付出多少努力才能获得成功,从而不会轻易放弃。

在目标不合理的情况下,因为一开始团队成员就对目标不完全认同,所以在完成目标的过程中很可能产生消极的念头,这与目标合理情况下团队成员的积极态度形成了鲜明的对比。

不合理的目标带来的结果就是团队成员敷衍地完成任务,质量、效率极低,而且在完成任务的过程中,这样的目标会不断打击团队成员的自信心,带来的负面影响非常大。

对短视频的创作者而言,经常对比不同方案的差别,找出每个方案的亮点与不足,是一项必做的工作。

▶ 11.1.4 总结经验,弥补不足

找到目标达成的影响因素以后,就要对整个短视频账号的运营过程进行分析总结。主要是总结在整个项目的完成过程中有哪些优秀的、值得再次利用的经验,以及有哪些问题,以便在下次达到目标时规避这个问题。

在总结经验时,有一些关于总结的特点需要注意,如图11-3所示。

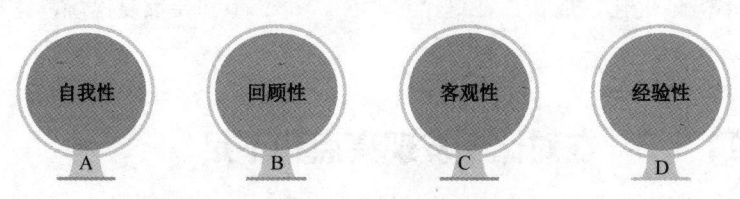

| A 自我性 | B 回顾性 | C 客观性 | D 经验性 |

图 11-3 总结的特点

1. 总结要具有自我性

总结是对自己所做的任务进行的回顾,它以总结者自身的工作实践为基础,总结出来的经验、教训、反思等,都要具有自我性。

2. 总结要具有回顾性

总结的这一特性恰好与计划相反。计划是设想未来，对将要开展的工作进行安排。总结则是回顾过去，对过去一段时间的工作进行反思，但最终还是为了做好下一阶段的工作。通过总结，回顾过去的工作，找到问题是制定下一步工作计划的重要参考，为以后的工作打下好的基础。

3. 总结要具有客观性

总结是对过去一段时间所做的全部工作的全面回顾和检查，因此，总结必须具有很强的客观性，避免主观因素的影响。总结以自身的实践活动为依据，所列举的事例和数据都必须完全可靠、真实有效，任何夸大、缩小、随意杜撰、歪曲事实的做法都会使总结失去应有的价值。

4. 总结要具有经验性

总结必须从理论上高度概括经验教训。凡是正确的实践活动，总会产生物质和精神两个方面的成果。而作为精神成果的经验教训，从某种意义上说，比物质成果更宝贵，因为它对今后的社会实践有着重要的指导作用。

以上这些特点，都要求总结必须按照"实践是检验真理的唯一标准"这一原则，正确地反映客观事物的本来面目，然后找出关于短视频账号运营过程中正反两方面的经验，得出规律性的认识，弥补从前的不足，达到最好的效果。

▶ 11.1.5 将经验转化为实际行动

总结出短视频账号运营经验以后，要学会将总结得来的经验转化成实际的行动实施下去，尽最大可能地在下一次的操作中用上这些经验。这样得来的经验才有意义，才会给短视频的运营带来最大价值。

关于总结经验，并将经验转化为行动不断前行的例子有很多。

例如，森林狼曾在一场篮球比赛中以 109∶103 的比分击败了勇士，在这场比赛中，森林狼球员唐斯的表现非常亮眼，吸引了众人的注意力，他全场比赛砍下 31 分、16 篮板、2 助攻。

赛后，唐斯在采访中表示："我认为我们今天准备得很好，因为我们本赛季已经通过大量的比赛来获取经验。现在我们正处在一个有机会打出好成绩的阶段，这对我们说，就是要把我们积累的所有经验转化为实际行动，其中包括一些憾负的比赛经历、一些大胜的比赛经历、一些进攻制胜或防守制胜的比赛经历，我们都要从中积累经验。"

唐斯的话证明了将经验不断转化为行动的重要意义，不仅能获得更大的成功，还能在前进的道路上不断地成长。

因此，在短视频账号运营过程中，创作者一定要学会不断地将从前的经验和教训转化成前进的助力，在一次又一次的优化中不断完善营销的每一步。

11.2 科学的数据分析

除了掌握好复盘方法，创作者还需要学会借助科学的数据分析，从数据层面客观思考短视频账号运营的效果。

11.2.1 固有属性：发布时间、视频时长、发布渠道

短视频制作者为了进一步提高运营效率，首先应对短视频的固有属性有所了解，这样才能根据自身条件和需求，设定合理的发布时间、视频时长，选择合适的发布渠道，从而吸引更高的人气和关注。

某美妆博主就通过明确节目固有属性的方式，使其美拍粉丝数量在 1 个月内增长了 40 万人。从其短视频类型上看，美妆教学加带货的模式算不上新颖，

学会复盘：实现"弯道超车" 第11章

但是她将自己定位为"怪诞少女"，一头俏皮的短发和"暗黑系"的妆容，再加上搞怪的表演风格，很快就从众多美妆博主中脱颖而出，赢得了众多粉丝的喜爱。

该美妆博主将短视频的时长控制在 1 分钟内，虽然现在美拍已经将短视频的时长延长到了 5 分钟，但是 1 分钟左右的短视频仍然占据主流。在这样短的时间内要想吸引观众注意，就要在情节安排和表演上下功夫。例如，在《如何告别近视和驼背》这个只有 43 秒的短视频中，该美妆博主同时饰演"墨墨"和"墨墨妈"两个角色，夸张的表演和配图让人忍俊不禁。

有了美拍上的人气和基础，该美妆博主开通了新浪微博，并迅速聚集了 54 万名粉丝。在视频的时长上，为了适应微博用户的观看习惯，从不到 1 分钟延长到 5 分钟，表演风格也从夸张转变为亲切平和，切实为粉丝着想。视频发布时间则都固定在每天下午 7 点至 8 点，也就是目标用户下班或放学后的这段时间，从而提高视频的点击率。

除了确定合适的发布时间和视频时长，创作者还可以根据以下原则选择不同的发布平台，以提高视频点击率和粉丝转化率。

（1）首发平台目标人群应相同。短视频首发平台的目标人群与短视频的目标人群相同。创作者应根据自身的定位和想要达成的目标，谨慎选择首发平台，这样可以为短视频制作团队营造一个好的口碑。同时也可以最大限度地抓取早期粉丝。

（2）独立平台与综合平台共同发布。独立平台与综合平台的用户构成有很大的区别，短视频在这两类平台上共同发布可以起到有效的互补作用。在独立平台上吸引目标用户观看的同时，还可以在综合平台上依靠其传播速度快的特点，不断扩大目标用户群体，从而使短视频团队的作品不断翻新，保持新鲜度。

（3）不在同类平台同时发布。有的人认为一个短视频作品完成后应该在所有的目标用户相同的平台上都发布。这种想法其实是不正确的。同类短视频平台之间存在竞争关系，它们所竞争的对象就是优秀的短视频制作团队，因为只有优秀的短视频作品才能保证平台的生命力。如果在同类平台同时发布，就很难得到平台的重视。

总之，短视频创作者应先根据自己的特点进行定位，随后确定合适的发布时间、视频时长和发布渠道，提高短视频的播放量和关注度。

▶ 11.2.2　播放量相关指标：累计播放量、对比播放量

播放量是评价一条短视频质量高低的重要参考依据。一般单条短视频的播放率是短视频创作者关注的重点，但实际上，短视频的累计播放量和对比播放量也是非常重要的数据指标。从总体上看，这些数据都可以作为短视频内容调整的重要依据。

例如，像爱奇艺这样的大型视频网站就为短视频创作者提供了许多数据分析的便利。打开一个短视频节目，视频下方就会出现"热度"下拉栏，下拉栏中显示了内容热度、播放指数、整季播放指数等数据，其中播放量被视为"热度"评估的重要客观标准，是衡量用户观看行为的重要指标。如图11-4所示是一个专注于儿童节目的短视频账号"菲菲萌宝秀"的短视频《泡泡鱼的快乐生活》的整季播放指数。

图11-4　《泡泡鱼的快乐生活》整季播放指数

根据数据分析可以得出，《泡泡鱼的快乐生活》短视频的整季播放指数整体呈上升趋势，这就说明该短视频内容新颖有趣，在一定程度上受到了目标用户的喜爱。

对于单个短视频，可根据播放时间不同对比播放量。对于同类型的不同视频可以通过播放量的对比进行数据分析。例如，《泡泡鱼的快乐生活》这个短视频动画节目分为若干集，可以将每集的播放指数进行对比，从而在内容上进行调整，多加入用户喜爱的元素，再从指数变化中验证内容改变的方向正确与否。

总之，短视频账号运营不只是制作内容，播放总量的分析和对比也能对提高短视频的热度起到辅助作用，因此短视频创作者要将数据分析重视起来，以便及时调整运营方向。

▶ 11.2.3 播放率相关指标：播完量、播完率、平均播放进度

短视频的播放率也是数据分析的重要方面，因为播放率不仅能体现用户是否点击了视频，相关指标还能提供播完量、播完率和平均播放进度等数据，让短视频创作者发现问题，得知用户究竟是在哪个环节退出了视频。

通过对这些数据进行分析，短视频创作者就可以避免在下次创作时出现同样的问题，留住目标用户，提升整体用户的观看黏性。很多平台都有对播放完成指标的数据分析，短视频创作者可以根据这些数据对短视频内容进行调整。

以今日头条为例，头条号后台显示的播放指标就为很多短视频创作者提供了参考性很强的数据支持。创作者可通过以下几步获得相关数据。

第一步：打开百度浏览器，搜索关键词"头条号后台"，然后点击进入"头条号"后台界面，一级导航栏中就会出现今日头条、今日头条和个人中心3个选项，如图11-5所示。

图11-5 "头条号"后台界面

第二步：单击"今日头条"选项，下拉栏中会出现"数据分析"选项，如图11-6所示。

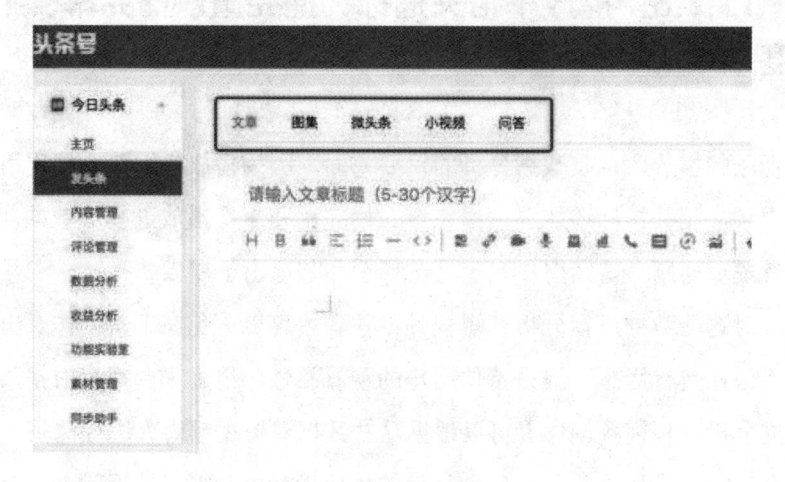

图11-6 "数据分析"选项

第三步：单击进入数据分析页面，系统会呈现短视频的相关数据，包括播放量、播完量、播完率、平均播放进度等，如图11-7所示。

通过以上步骤，短视频创作者可以得到较为翔实的数据指标，根据相关指标优化短视频内容，让短视频的改进更有针对性，从而吸引更多目标用户的关注。

学会复盘：实现"弯道超车"　第 11 章

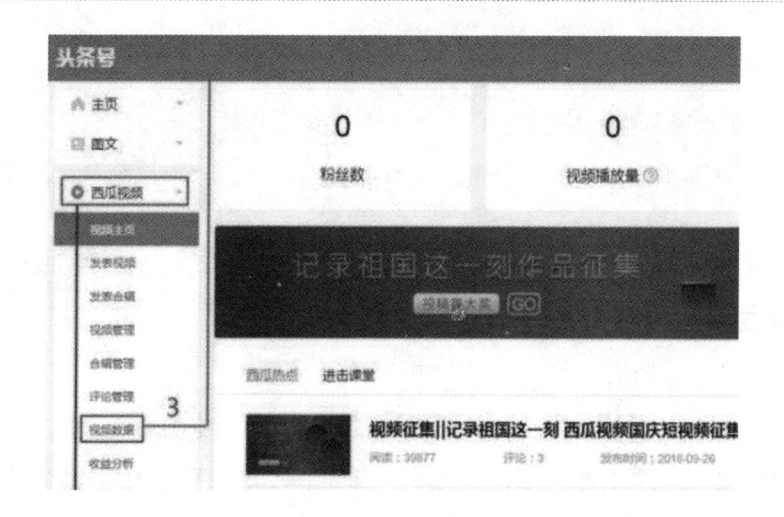

图 11-7　"头条号"后台显示的播放量等相关数据

▶ 11.2.4　互动数据：评论、转发、收藏、顶、踩

许多短视频平台除了考察短视频节目的播放量，还会参考相关的互动情况，也就是用户的评论、转发、收藏、顶、踩的具体数据。这些数据也会被列入系统进行综合评估，最终决定平台的流量分配和推送。

虽然转发、收藏、顶、踩这种用户单方面的行为也可以算作"互动"的几种方式，但是与用户之间真正的交流还是体现在评论，特别是互评上。因此，短视频创作者可以在短视频发布后在评论区与粉丝互动，加强和粉丝之间的交流，增进和粉丝之间的感情。

除了注重与用户的互动，通过后台数据分析进行评论管理，短视频创作者还可以将优质粉丝的评论标注为"精选"放在评论区指定的位置，同时还能从后台数据中发现哪些评论是由已经关注创作者的粉丝发出的。

标注"精选"的评论可以提高用户的参与热情，也可以让初次观看短视频的用户率先看到优质评论，提升对短视频的好感。短视频创作者也要及时回复那些经常互动的粉丝，促使他们继续活跃在评论区，留下质量较高的评论，形成良性循环。

总之，短视频创作者应该把互动，特别是评论看作短视频作品整体的一部分，用心维护，从而提高短视频的质量，吸引更多用户。

▶ 11.2.5 关联指标：播荐率、评论率、点赞率、转发率、收藏率、加粉率

关联指标也就是互动指标，是两项数据之间互动产生的结果分析反馈，其中比较重要的数据主要有播荐率、评论率、点赞率、转发率、收藏率、加粉率。短视频平台后台会提供这些数据，短视频创作者可根据这些数据对节目内容进行改进和调整。一些数据分析平台，如数数科技、超微视矩等，会为短视频创作者提供数据支持。

1. 播荐率

播荐率的计算方式为：

$$播荐率 = 播放量/推荐量 \times 100\%$$

播荐率高，证明视频推荐后被用户点击观看的概率更高，也证明该视频的标题和图片的设置比较成功，能够让用户第一眼看到推荐后就打开视频。

2. 评论率

评论率的计算方式为：

$$评论率 = 评论量/播放量 \times 100\%$$

评论率高，证明视频能引起相关用户的共鸣，让用户愿意在评论区积极表达自己的观点。也有可能视频本身就是热点话题，更容易吸引相关用户吐槽。例如，热点话题视频《996之歌》在B站获得了3 000多条评论，很明显就利用了话题效应。

3. 点赞率

点赞率的计算方式为：

$$点赞率=点赞量/播放量\times100\%$$

点赞率高，证明视频很受用户的喜爱，通常点赞率高于转发率。

4. 转发率

转发率的计算方式为：

$$转发率=转发量/播放量\times100\%$$

转发率高的视频传播性较强，用户希望将该视频推荐给朋友观看，表达了用户对视频传递的价值观的认同。有时转发量较高和一些活动有关。例如，沙画视频《皓镧传》获得了 19 000 人次以上的转发量，因为该视频要求只有转发和关注视频才能参与抽奖活动。

5. 收藏率

收藏率的计算方式为：

$$收藏率=收藏量/播放量\times100\%$$

收藏率高而转发率低，说明用户对视频内容感兴趣，但是出于隐私考虑，不想让其他人知道自己观看了该视频，因此选择收藏而不转发。这类视频的传播率相对较低。

6. 加粉率

加粉率的计算方式为：

$$加粉率=粉丝数/播放量\times100\%$$

加粉率一般不会在数据分析平台上有所体现，但依然是一项重要数据，今日头条后台特别增加了加粉率数据，以供短视频创作者参考。短视频创作者可从数据中得知粉丝具体是观看哪条视频后加粉的，从而极大地提高了数据的精确性。

短视频：新时代红利重构

通过以上数据分析可知，播放量并不能作为数据分析的唯一依据，因为有很多视频的播放量虽然很高，但涨粉量并不高，说明在内容制作方面还有很多需要改进的地方。总之，短视频创作者可充分利用数据分析这件利器，提高短视频的播放量和粉丝转化量。

第 12 章

变现：玩转短视频的终极目标

所有的短视频创作者运营短视频账号的最终目标都是变现。那么，短视频创作者要如何操作，才能在不流失粉丝的情况下，为自己获取更多的利益呢？

12.1 短视频的常见盈利模式

变现的第一步就是了解短视频的盈利模式。常见的短视频盈利模式有广告植入和衍生产品两种。

▶ 12.1.1 广告植入：间接盈利模式

在进行短视频创作时，最普遍的变现模式就是广告植入。广告植入的主要方式是 KOL。说到 KOL 植入就不得不提 KOL 营销。KOL 营销就是通过那些在特定领域拥有影响力的人物，让自己的品牌、产品与用户建立联系，并与用户保持互动。在创作广告视频时，创作者要多多地通过 KOL 进行软广植入，少做硬广。

那么，该如何做好 KOL 植入呢？要注意三点，如图 12-1 所示。

短视频：新时代红利重构

定位 KOL 和粉丝

与 KOL 合作制订营销计划

遵守各方规则

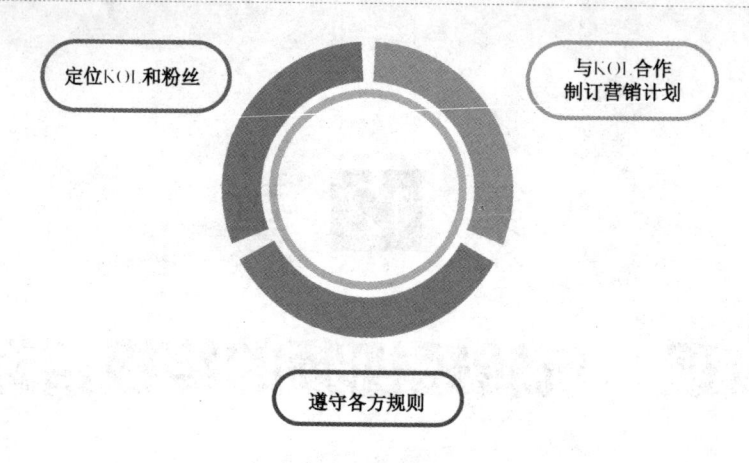

图 12-1　KOL 植入的注意事项

1. 定位 KOL 和粉丝

"定位"是本书中出现频率颇高的一个词，可见定位在短视频账号运营中具有很重要的作用。而定位 KOL 和粉丝的目的其实是找到 KOL 与粉丝之间的契合点。只有与粉丝属性匹配度高的 KOL，才能吸引粉丝的关注并提高短视频的传播度，对推广宣传起到一定的作用。

在当今的网络社会，KOL 与粉丝的协同性至关重要。如果 KOL 与品牌定位不相符，那么 KOL 的粉丝规模再大，也无法带来传播效果，甚至可能会导致原本的影响力下滑。因此，只有注重 KOL 与粉丝的协调和统一，才能够取得显著的营销效果，而要想实现 KOL 与粉丝协调和统一，离不开精准的定位。

Faceu 公司策划的"全民吐彩虹"活动，就利用了与自身匹配度较高的 KOL 进行推广。

Faceu 公司首先进行了产品分析和用户群的定位。在进行产品分析时，Faceu 发现其用户群体大多是"90 后"和"00 后"女性，这类用户具有一些相同的特点，如喜欢追随流行和娱乐。Faceu 公司就根据这一特点寻找合适的 KOL，最终找到电视剧《太子妃升职记》的主演，然后与湖南卫视进行精准营销合作，凭借湖南卫视的用户群和 Faceu 的用户群一致性很高的优势，完成了一次高影响力的营销

变现：玩转短视频的终极目标 第12章

推广。

在此次活动中，Faceu 的营销团队特别用心地进行了一番策划，最终让 Faceu 获得了超高的用户活跃数和软件下载量，并荣登苹果应用商店免费下载榜的首位。

2. 和 KOL 合作制订营销计划

在创作广告视频时，切记不能将之前的营销计划照搬到某个具有影响力的 KOL 身上，而是要注意与 KOL 的合作，协同团队里的每位成员来共同制订最具创意的营销计划。

3. 遵守各方规则

不论是在本国进行视频广告的营销，还是在外国进行广告视频的营销，都要格外注意相关规则与制度，每个国家都有不同的标准和要求，创作者要熟知这些标准和要求，更加妥善地制作出符合当地规定的营销方案，创作出合乎要求的视频广告。如果没有提前了解清楚当地的规则与制度，就很容易出现无法挽回的利益损失。

奥利奥食品公司通过视频播放平台 YouTube 进行了一次视频营销，如图 12-2 所示。但是当视频传播到英国市场，却遭到了英国广告标准局的全面封杀，主要原因就是这则视频在播出时表述含糊不清，没有直接将属于付费营销的视频计划明确地说出来。

图 12-2 奥利奥的创意广告

短视频：新时代红利重构

英国相关监管机构明确表示，YouTube 平台上的视频博主在为营销计划制作视频时，不应当出现营销视频内容与普通与的非营销视频内容十分相似的情况，否则会造成网友分辨不出哪个是营销视频，哪个是不带有营销目的的视频，而将所有的视频都当成普通视频观看。这样就会造成很大的营销失误，使前期的投入得不到反馈，资金大量流失。

由上可知，对于短视频广告中的植入，硬广的效果通常不会很大，那搭配 KOL 的软广才更容易获得大家的喜爱。

▶ 12.1.2 衍生产品：特色盈利模式

当短视频账户的运营步入正轨后，产品的营销和 IP 的影响力就具备了相当规模。这时就可以考虑借助自身的 IP 发展来打造衍生产品，并对衍生产品进行大规模的宣传推广，进一步提升自身 IP 影响力，将衍生产品的市场做大做强。

衍生产品有很多类型，有虚拟的，也有现实的，有手办玩偶，也有周边海报等，这些衍生产品能够给 IP 发展带来很多意想不到的收获。

那么，该如何创造、推广衍生产品，使之成为 IP 新的宣传大使呢？

在创造衍生产品时，可以根据 IP 自身的品牌风格来制定手办和玩偶，赋予玩偶一种性格，玩偶的风格一定要符合 IP 理念中着重宣传的点，这样才能借助宣传点来为衍生产品的营销提供帮助。

迪士尼可以说是全球衍生产品最多的超级 IP 之一。迪士尼创办之初，以制作动画电影为主。随着迪士尼电影的发展，创造出了与电影中的人物相关的衍生产品，并从最初的公仔玩偶发展到各种各样的产品。

迪士尼第一部真正盈利的动画片是《三只小猪》，如图 12-3 所示。这部动画片上映于 1933 年，是迪士尼第一部依靠衍生产品营销而获得盈利的动画片。在《三只小猪》之后，迪士尼看到了衍生产品的巨大利益，于是开始延续这种销售衍生产品的模式。

变现：玩转短视频的终极目标 **第12章**

图12-3 动画片《三只小猪》

紧接着，迪士尼又推出了动画电影《玩具总动员》，并在电影上映之前，就开始组织营销、宣传、销售衍生玩偶，一经营销发售，就卖出了25万美元，而《玩具总动员》的衍生产品销售量总计达到了3 000万美元。

迪士尼后来又重磅推出了动画电影《冰雪奇缘》，电影上映仅月余，就成功登顶史上票房最高动画片之一。它的衍生产品销售成绩高达53亿美元。而后，迪士尼还推出了诸如《变形金刚》等动画片的衍生产品，包括电子游戏、玩偶、移动应用等，至今获利已达70亿美元。

由此可见，一个成功的IP所衍生出来的产品，对营销的最终目的——获利——有相当大的帮助。同样，衍生产品的成功推广，对IP的宣传也起到了至关重要的作用。

因此，当短视频的品牌IP已经足以支撑推广一系列衍生产品时，就可以依靠创作视频来宣传相关衍生产品，这对营销来说，是一个受益非凡的决定。

12.2 构建IP，探索新出路

如果变现方法比较分散，就容易导致后继乏力。对此，创作者要着手构建IP，

短视频：新时代红利重构

让短视频账号拥有持续的变现能力。

▶ 12.2.1 推出系列内容，打造专属 IP

短视频平台上一直活跃着很多用户，他们拍摄的短视频有的靠实力，有的靠颜值，还有的人靠拍摄系列视频来获得用户的关注。

例如，某抖音博主就凭借自己拍摄的反串系列在抖音上吸粉无数，收获了上百万个点赞和几百万名粉丝。

该博主从创立账号之初就自称"全网男女通用脸"，并利用这张"通用脸"来进行反串。他会戴起假发，穿起连衣裙，用上美颜和滤镜，把一个"糙汉子"通过特效化妆变成一个"萌妹子"，而且毫无违和感。

在他的短视频中，每次都先露出男孩子的模样，接着就对着摄像头开始了自己的"变身之旅"。

他先是讲一句口头禅："首先我长这个样子。"说完这句话，他就戴上了假发，成了一个带着假发的糙汉子，然后他继续说道："现在是加了美颜和滤镜的样子。"说完，一个糙汉子的脸形就被修饰成了瓜子脸，眼睛变得又大又闪亮，皮肤就像剥了壳的鸡蛋一样滑嫩。

接着他又把美颜和滤镜调到最大，顿时，一个清爽可爱的大眼萌妹就出现在了众人面前。

就在大家都开始惊叹抖音强大的美颜功能时，他又来了一句："最后，咱们再加上点背景音乐"音乐响起，他开始像个少女一样翩翩起舞。伴着有节奏的韵律，他不停地摇摆着身体，再配上迷人的微笑，让瞬间忘记他是一个男生，眼前分明就是一个网红美女。

就在大家沉浸在他的美貌之中时，他会突然关掉美颜和滤镜，让大家看到他本来的面貌，将大家的幻想打破。像这样让人感觉如同坐过山车一样的视频，只是他众多短视频中的一个。

变现：玩转短视频的终极目标 第 12 章

该博主的短视频基本上都是这种风格，他的这个"魔鬼反串"系列赢得了一众好评，很多粉丝都表示非常喜欢这一系列视频，因为其初衷就是为了搞笑，为了讽刺当今的"网红见光死"现象。总之，该博主的这个系列赢得了非常高的关注度，收获了大批粉丝。

综上所述，拍摄系列短视频，不仅可以深化自己的品牌形象，给用户留下深刻的印象，还能收获大量的忠实粉丝，可谓一举两得。因此，用系列视频来巩固短视频账号的魅力，是非常可取的构建 IP 的办法。

▶ 12.2.2 人格化 IP 更适合垂直类内容

在进行品牌宣传时，将品牌人格化，为品牌塑造一个人设，会对品牌的宣传推广起到很好的作用。但需要强调的是，并不是所有的品牌或产品都需要且适合人格化。

人格化的目的是唤起用户的情绪，拉近品牌和用户之间的距离。因此，品牌的人格化一般适用于产品同质化程度高、决策简单、信息不复杂的情况。

建立品牌人设、让品牌人格化有很多很好的例子，如三只松鼠的品牌形象（见图 12-4）、支付宝的品牌形象（见图 12-5）；海尔的品牌形象（见图 12-6）等。

图 12-4 三只松鼠的品牌形象

图 12-5　支付宝的品牌形象

图 12-6　海尔公司的品牌形象

那么，如何才能将自己的品牌人格化呢？一共需要 9 步。

第一步，找好定位和价值观。定位和价值观是一个品牌的灵魂，没有灵魂，就无法成功实现人格化。

构造品牌人格时，多未必是好，重复才能带来价值，不断地重复品牌的人设，让它随着时间慢慢地成长、增值，让这个富有价值的定位深深地刻在用户心里，达到营销效果。

第二步，调查用户的人格。除了了解自己，创作者还要了解目标用户，在了解了用户的性格、特点和想法之后，投其所好地打造相应的人格特征。

变现：玩转短视频的终极目标 第12章

一般来讲，消费者在选购产品时，会习惯性地寻找与自身人格相似的产品。因此，在塑造品牌人格时，一定要调查清楚目标人群的人格特征、性格特点，从而让自己塑造的品牌人格与目标用户高度匹配。

第三步，对竞争对手进行形象分析。由于行业的特殊性，品牌人格和形象大多会趋向相近的环境。例如，茶行业的很多种品牌都是围绕产地来构建品牌形象的，像安溪铁观音、西湖龙井、云南普洱等。在这种情况下，如果创作者塑造一个风格迥异的品牌人格，就可能脱颖而出，吸引更多用户。

第四步，设定品牌人设的性别。作为人类最原始的分类方式，性别扮演着十分重要的角色。一般来说，口红的人格形象是女性；汽车数码之类的产品，常常会以男性作为形象。当然，除了按部就班地按照传统模式来设定品牌人设的性别，还可以走反差路线。

第五步，设定品牌原型。品牌原型是指消费者对品牌的一般性稳定知识结构，是消费者进行产品类别化时运用的一组相关的产品特征或属性。这一概念最早是由玛格丽特·马克和卡罗尔·皮尔森共同提出的。它能够唤起人们潜意识中的原始经验，使其产生深刻、强烈的非理性情绪。举个简单的例子，"父亲的形象"就是一种原型，但是每位父亲作为独立的个体，又有不同的性格。

每个原型都具有各自不同的特点，选择品牌原型的目的是希望在品牌人格化的过程中，有一个参考对象。品牌可以拥有不同的人设，但必须有一个原型作为主导。

第六步，确定品牌角色。看看怎样才能让品牌与目标消费群体建立起关系。

第七步，设定品牌的性格。品牌性格有很多选择，创作者需要选择一种与品牌或产品契合度最高的性格。在设定品牌性格时，要尽量统一稳定，不能善变，善变让人没有安全感。

第八步，构建人格化的内容体系。在构建人格化的内容体系时要围绕用户价值展开，仔细考虑自己究竟能给用户提供什么有价值的内容。

第九步，将人格具象化。前面所有的步骤，都需要以最后一步作为支撑，最后一步是前面各步骤的着落点,可以把抽象的品牌形象具象化。这个着落点有很多选择,如理念、产品、创始人、吉祥物 IP、员工、用户等。

总而言之,要建立人格化 IP,就要回归到品牌的初心,明确想通过什么样的文化和价值观去连接目标消费群,让用户感知到这个品牌的温度,同时也能了解并认可这个品牌的文化和价值观。

▶ 12.2.3 盘活各平台,拓宽 IP 价值

如果短视频账号的运营严格按照前文所述步骤及注意事项进行,就可以成功打造一个 IP,但是距离超级 IP 还有一段路要走。短视频账号运营是一趟没有终点的旅途,对创作者来说,要不断努力,朝着超级 IP 不断迈进。

如何将已经成形的短视频 IP 打造成超级 IP 呢?需要注意几个核心问题,如图 12-7 所示。

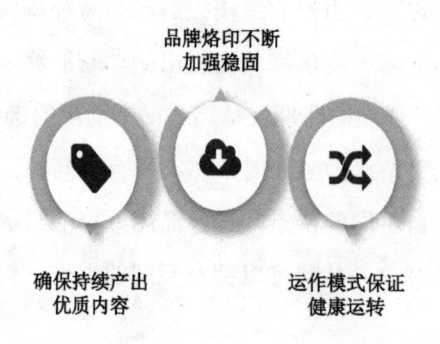

图 12-7 打造超级 IP 的注意事项

1. 确保持续产出优质内容

本书多次强调,内容是整个短视频账号运营过程中最重要的一环,无论短视频账号发展到哪个阶段,输出优质内容都是一个 IP 能够稳定存活的必要条件,只有短视频账号能稳定存在,才有机会考虑如何朝超级 IP 进化。

打造了多个超级短视频 IP 的运营公司洋葱集团,亲身实践了这个道理。

变现：玩转短视频的终极目标 第12章

洋葱集团秉持原创内容为集团核心能力的理念，一手打造出了多个超级 IP，其中一个超级 IP 更是仅用一个月的时间就获得了上千万名粉丝。

这个超级 IP 的运营者在刚刚进入洋葱集团时，只是一个在校大学生，最初洋葱集团对她的形象设定就是具有亲和力的温柔青春女大学生。最初两个月，她的账号一直处于默默无闻的状态。

洋葱集团在保持这个账号自然生长的同时，有序地使用内容创作团队来进行详细的策划，向外界输送有意义、具有正确价值观的内容。正是有了这样的内容创作，才使得这一账号能一举获得上千万名粉丝。

洋葱集团的创始人聂阳德说过："洋葱集团是一个内容生态公司，我们注重内容创作者的成长，洋葱集团作为运营的工具，担任的仅仅是土壤的角色。优秀的内容创作人才才是运营不断迈进的主要条件。"

聂阳德还说，内容本身虽然具有可复制的特性，但一个真正的大 IP 的形成靠的不可能只是复制，在有肥沃的土壤的前提下，只有具备良好的内容创作理念，才能够持续不断地输出优秀的内容，进化为超级 IP。

奇庐文化的 CEO 韩布伟也说过，内容是消费者的精神需求，在内容营销中，运营者与用户早已不再是传统的买卖关系，而是互相激发、互相交流的朋友关系，这种现状才是超级 IP 营销的基本环境。奇庐文化作为一家运营经验丰富的公司，对内容营销的见解和运用一如其 CEO 韩布伟说过的那样，在确定了基本环境的前提下，强势产出优质内容，才是每个梦想成为超级 IP 的运营者应该做的。

2. 品牌烙印不断加强稳固

如果说维持优质内容是打造超级 IP 的重要前提，那么稳固品牌烙印就是打造超级 IP 的必要手段。只有让品牌形象深深地烙在用户心中，才有机会成为令人瞩目的超级 IP。

某博主就将自己的昵称打造成一个品牌，然后在这个品牌中注入几个独有的特点，在之后的发展中不断地锤炼、重复这几个特点，使品牌烙印深入人心。当大家一听到她经常说的那句口头禅时，脑海中浮现的第一个形象就是她。

这就是品牌烙印不断加强稳固的作用，该博主从最初的搞笑视频小博主，发展到如今已成为横跨各大短视频平台的超级 IP 红人。她获得成功的因素固然有很多，但最重要的一个因素就是她在短视频账号的运营过程中，一直在锤炼自己的品牌烙印。

3. 保证运作模式的健康

除了以上两点，还有不得不提的一点就是"运作循环"的保证。当短视频账号的运营步入正轨以后，必然会出现合适的运作模式，确保这种模式能够健康地循环下去，是保证运营机制不被打破的重要基础。

一个良好的循环模式就如同工厂的车间循环，倘若某个节点出现差错，那么整个车间就会出现失误，从而导致进度停滞不前。在短视频账号的运营过程中，如果哪个环节出现了错误，一样会导致运营面临功亏一篑的风险。

因此，在后期的运营过程中，创作者首先要保证机制的正常运行，然后考虑是否要妥善地进行优化和加强。

总而言之，超级 IP 是一个非常长远的目标，每个运营者都希望自己能够成功打造一个超级 IP，但是这需要很多重要因素，如方法、内容、团队、运气等，每个都不可或缺。只有先满足基础条件——时刻以内容为王、加深品牌烙印、保证运作模式的健康运转，才有成为超级 IP 的可能。

12.3 打通全链路，塑造一站式购物体验

除了打造 IP，创作者还要利用互联网思维，摆脱传统的变现方式，缩短用户的决策时间，为用户塑造一站式购物体验。

变现：玩转短视频的终极目标 第12章

▶ 12.3.1 专属优惠，抢占用户心智

很多短视频创作者基于自身业务的发展需求，打造出了自己的会员体系。打造会员体系的直接目的是稳固老用户，抢占用户心智。但是，很多会员体系并未给创作者带来实质上的收益，反而还存在不少问题。

短视频变现的核心是用户。所谓"客户即上帝"，创作者要想获利，就要满足用户的需求。因此，建立一个完善的会员体系，紧抓用户的核心诉求，为会员提供专享特权，满足其自豪感就显得尤为重要。"消费+获权+行权"的闭环越顺畅，会员体系的建设越有意义。

大多数短视频创作者建立会员体系都是为了解决"用户从哪里来、到哪里去"的问题，后台先记录用户的消费行为，根据用户的贡献度进行分级，为他们匹配不同的权益，最后描绘出用户画像，将主要特征标签化并对其进行大数据分析，为精准营销奠定基础。那么，如何设计会员权益才能满足大多数消费者的需求呢？

1. 权益设置的三种导向

常见的会员体系权益规则主要由黏性型、价值型、口碑型三种导向决定。

（1）黏性型是以增强用户黏性、促进企业和用户的沟通为目的设置的会员权益。

（2）价值型是指为用户提供某些稀有资源、定制服务的会员权益。

（3）口碑型是指以树立品牌形象、为用户提供尊贵感为目的设置的会员权益。

2. 落实"权益差异"

首先，会员权益一定要分层，既要突出不同等级会员之间的差异，又不能让差异太大。简单来说，就是给用户一种只要再稍微努力一下就可以享受更加超值的权益的感觉。因此，最不好的会员权益设置就是高层级和低层级的会员权益没有差别，或者从现有层级往上升的门槛太高。

其次，会员权益中要设置固定权益和非固定权益。固定权益是会员的基本权

益，必须长期无变动；非固定权益是会员的政策类权益，一般需要结合营销政策不定期推出。

3. 设置用户感兴趣的核心权益

会员权益不能是"A+B+C+…"这样无意义的堆砌。如果运营人员自己对设置的权益都不感兴趣，那用户也很难感兴趣。

会员体系中的核心权益就是平台主要发展目标与用户核心需求的融合。以中国电信集团星级客户会员权益为例，运营商的主要发展目标是话费、流量及其他增值业务的收入。而用户对运营商的需求是通信服务的优惠和便捷服务，保证通信服务的价格便宜且便捷。

又如，大众点评网向会员提供"电影免费退改次数""酒店折扣""外卖满减"等权益，在降低用户消费成本的同时，促使会员进行二次消费。

4. 提升会员行权率

创作者还需要利用各种渠道将权益的概念根植到用户心中并形成行权闭环。对此，创作者可以将用户权益可视化。例如，许多平台都有类似"勋章墙"的体系，将用户权益进行可视化展示，会员级别、成长值、勋章、可行权益、增长规划等都会被系统简明地展示出来。

另外，当会员权益变动时，创作者需要及时提醒用户，可以通过短信、站内展示、微信公众号或专属客服等方式让用户提前熟知新权益的使用方法。

权益领取的步骤不宜太复杂，一般有"系统直接给予"和"订购"两种方式，用户只需要操作一两步就能获得。如果步骤太复杂，会降低用户的参与度。

不定期的主题营销活动也是必不可少的会员权益，而且要注重"不同层级不同权益"的概念。例如，在补贴活动中，等级高的用户可享受高额补贴；等级低的用户只能享受小额补贴。另外，"会员日"等特殊日期的设置也可以提升会员的行权率。

5. 完善的后台系统

完善的后台系统也是设置会员权益的重要一环，有针对性的数据分析可以控制活动成本，合理降低风险。在数据分析中，创作者要着重分析一些用户数据，包括行权率、活跃度、行为轨迹、成长周期等。

▶ 12.3.2 在短视频中插入购买路径

以目前短视频发展的趋势来看，抖音等短视频平台已朝着电商平台的方向发展，对运营者来说这是一件好事，因为运营的终极目的是获利，而平台恰好给各个创作者创造了最为便利的获利条件，那就是可以直接将卖货链接添加到短视频中，用户可以直接看到短视频中的链接，这样就让创作者节省了很多额外的推广成本。

但在短视频中添加链接有一些条件要求。以抖音为例，短视频账号必须是拥有至少100万名粉丝的抖音达人，只有满足这个要求才有资格申请在短视频中添加卖货链接。

添加卖货链接后，短视频内容中会出现一个黄色的"购物车"图案，如图12-8所示，点击"购物车"选项，界面下方会出现一个商品列表，这个商品列表就是创作者添加到短视频中的卖货链接。

图12-8 添加卖货链接的短视频内容

将卖货链接加入短视频中，可以缩短用户的决策时间，形成购买闭环，提高产品销量。

▶ 12.3.3 短视频平台内部完成销售闭环

在短视频崛起的过程中，如何让流量变现，一直是最关键的一个问题。长期以来，短视频创作者只能通过广告和打赏来获得收益，这严重打击了他们进行短视频创作的热情和积极性。为此，短视频平台不断创新，借助电商扩展了变现的方式。

对短视频创作者来说，入驻短视频平台的终极目的是获利，而平台恰好为他们创造了最为便利的条件，那就是可以开通自己的小店。这样的话，人们就可以直接购买短视频中的产品，从而形成平台内部的销售闭环，为创作者和用户节省更多的时间和精力。

开通小店以后，创作者可以添加第三方电商平台（主要包括淘宝、有赞、魔筷TV）的商品，还可以进行直播、视频及个人主页展示。如果在个人主页展示了小店，那么用户只要点击一下，手机界面上就会出现一个商品列表，用户可以在此选择并购买自己喜欢的商品。

对短视频平台来说，小店可谓是在变现道路上进行的最佳探索。如今，大多数人都存在电商需求，通过与淘宝、有赞等第三方电商平台合作，短视频平台对满足条件的短视频账号提供卖货功能，这不仅有利于推动变现的合规化，还有利于降低互动的门槛，形成交易闭环。

附录

《网络短视频内容审核标准细则》
（节选）

一、网络短视频内容审核基本标准

（一）《互联网视听节目服务管理规定》第十六条所列 10 条标准。

（二）《网络视听节目内容审核通则》第四章第七、八、九、十、十一、十二条所列 94 条标准。

二、网络短视频内容审核具体细则

依据网络短视频内容审核基本标准，网络播放的短视频节目，及其标题、名称、评论、弹幕、表情包等，其语言、表演、字幕、背景中不得出现以下具体内容（常见问题）：

……

（九）传播恐怖主义的内容

比如：

35．表现境内外恐怖主义组织的，如（略）；

36．详细展示恐怖主义行为的，如（略）；

37．传播恐怖主义及其主张的，如（略）；

38. 传播有目的、有计划、有组织通过自焚、人体炸弹、打砸抢烧等手段发动的暴力恐怖袭击活动视频（中央新闻媒体公开报道的除外），或转发对这些活动进行歪曲事实真相的片面报道和视频片段的，如（略）；

（十）歪曲贬低民族优秀文化传统的内容

比如：

39. 篡改名著、歪曲原著精神实质的，如（略）；

40. 颠覆经典名著中重要人物人设的，如（略）；

41. 违背基本历史定论，任意曲解历史的，如（略）；

42. 对历史尤其是革命历史进行恶搞或过度娱乐化表现的，如（略）；

（十二）美化反面和负面人物形象的内容

比如：

46. 为包括吸毒嫖娼在内的各类违法犯罪人员及黑恶势力人物提供宣传平台，着重展示其积极一面的；

47. 对已定性的负面人物歌功颂德的，如（略）；

（十三）宣扬封建迷信，违背科学精神的内容

比如：

48. 开设跳大神、破太岁、巫蛊术、扎小人、道场作法频道、版块、个人主页，宣扬巫术作法等封建迷信思想的；

49. 鼓吹通过法术改变人的命运的，如（略）；

50. 借民间经典传说宣扬封建迷信思想的；

（十四）宣扬不良、消极颓废的人生观、世界观和价值观的内容

比如：

51. 宣扬拜金主义和享乐主义的，如（略）；

52. 展示违背伦理道德的糜烂生活的，如（略）；

53. 宣传和宣扬丧文化、自杀游戏的，如（略）；

54. 展现同情、支持婚外情、一夜情的；

《网络短视频内容审核标准细则》（节选）　附录

（十五）渲染暴力血腥、展示丑恶行为和惊悚情景的内容

比如：

55．表现黑恶势力群殴械斗、凶杀、暴力催债、招募打手、雇凶杀人等猖狂行为的；

56．细致展示凶暴、残酷的犯罪过程及肉体、精神虐待的，如（略）；

57．细致展示吸毒后极度亢奋的生理状态、扭曲的表情，展示容易引发模仿的各类吸毒工具与吸毒方式的，如（略）；

58．细致展示酗酒后失控状态的，如（略）；

59．细致展示老虎机、推币机、打鱼机、上分器、作弊器等赌博器具，以及千术、反千术等赌博技巧与行为的；

60．展现过度的生理痛苦、精神歇斯底里，对普通观看者可能造成强烈感官和精神刺激，从而引发身心惊恐、焦虑、厌恶、恶心等不适感的画面、台词、音乐及音效的，如（略）；

61．宣扬以暴制暴，宣扬极端的复仇心理和行为的，如（略）；

（十七）侮辱、诽谤、贬损、恶搞他人的内容

比如：

79．侮辱、诽谤、贬损、恶搞历史人物及其他真实人物的形象、名誉的；

80．贬损、恶搞他国国家领导人，可能引发国际纠纷或造成不良国际影响的；

81．侮辱、贬损他人的职业身份、社会地位、身体特征、健康状况的，如（略）；

（十八）有悖于社会公德的内容

比如：

82．以恶搞方式描绘重大自然灾害、意外事故、恐怖事件、战争等灾难场面的；

83．以肯定、赞许的基调或引入模仿的方式表现打架斗殴、羞辱他人、污言秽语的，如（略）；

84．为违背公序良俗或游走在社会道德边缘的行为提供展示空间的，如（略）；

175

（十九）不利于未成年人健康成长的内容

比如：

85．表现未成年人早恋的，以及抽烟酗酒、打架斗殴、滥用毒品等不良行为的，如（略）；

86．人物造型过分夸张怪异，对未成年人有不良影响的，如（略）；

87．展示未成年人或者未成年人形象的动画、动漫人物的性行为，或让人产生性妄想的，如（略）；

88．侵害未成年人合法权益或者损害未成年人身心健康的，如（略）；

……

参考文献

[1] 刘庆振. 首席视频官：5G时代的短视频布局与营销革命[M]. 北京：电子工业出版社，2020.

[2] 李非黛. 短视频这么玩更赚钱[M]. 北京：中国经济出版社，2020.

[3] 新媒体商学院. 短视频账号运营一本通：拍摄+后期+引流+变现[M]. 北京：化学工业出版社，2019.

[4] 吕白. 人人都能做出爆款短视频[M]. 北京：机械工业出版社，2020.

[5] 头号玩家. 零基础玩转短视频：短视频新手入门读物和从业指南[M]. 天津：天津科学技术出版社，2019.

[6] 赵君. Vlog 短视频拍摄与剪辑从入门到精通[M]. 北京：电子工业出版社，2020.

[7] 王昕明. 爆品文案：短视频时代内容变现[M]. 北京：中国商业出版社，2020.

[8] 邢涛. 短视频创业：全方位多角度分析，手把手教你实现财富自由[M]. 哈尔滨：黑龙江科学技术出版社，2020.

[9] 彭曙光. 从零开始学抖音短视频账号运营和推广[M]. 北京：清华大学出版社，2020.

反侵权盗版声明

电子工业出版社依法对本作品享有专有出版权。任何未经权利人书面许可，复制、销售或通过信息网络传播本作品的行为；歪曲、篡改、剽窃本作品的行为，均违反《中华人民共和国著作权法》，其行为人应承担相应的民事责任和行政责任，构成犯罪的，将被依法追究刑事责任。

为了维护市场秩序，保护权利人的合法权益，我社将依法查处和打击侵权盗版的单位和个人。欢迎社会各界人士积极举报侵权盗版行为，本社将奖励举报有功人员，并保证举报人的信息不被泄露。

举报电话：（010）88254396；（010）88258888

传　　真：（010）88254397

E-mail：　dbqq@phei.com.cn

通信地址：北京市万寿路 173 信箱
　　　　　电子工业出版社总编办公室

邮　　编：100036